Weihnachten

Weihnachten

Anregungen zum Basteln und Schmücken
von Thomas Berger

Verlag Freies Geistesleben

CIP-Titelaufnahme der Deutschen Bibliothek

Weihnachten: Anregungen zum Basteln und Schmücken /
von Thomas Berger. [Übers.: Angelika Sandkühler]. –
Stuttgart: Verlag Freies Geistesleben, 1990
ISBN 3-7725-1106-6

Die holländische Ausgabe erschien 1990 unter dem Titel
«Kerstversieringen» bei Uitgeverij Christofoor, Zeist.

Übersetzung: Angelika Sandkühler.
Fotos: Frits Dijkhof.
Illustrationen: Ronald Heuninck.

Deutsche Ausgabe: © 1990 Verlag Freies Geistesleben GmbH, Stuttgart.
Gedruckt in den Niederlanden

Inhalt

Vorwort

Im Kreislauf der Feste, die wir im Laufe des Jahres feiern können, nimmt das Weihnachtsfest einen besonderen Platz ein. Vor langer Zeit, in der dunkelsten und kältesten Zeit des Jahres, erschien den Hirten auf dem Felde, stellvertretend für die Menschheit, die Schar der Engel und verkündete ihnen die Geburt des Heilands, auf den sie schon so lange gewartet hatten. Durch dieses Ereignis wurde das gesamte Leben auf der Erde bedeutsam verändert.

Noch immer feiern wir dieses Fest des Lichtes, das auf die Erde gekommen ist, die Geburt des Kindes Jesus, und um es wirklich feiern zu können, ist es wichtig, dieses Ereignis jedes Jahr aufs neue lebendig zu machen. Vor allem in der Familie müssen wir dafür Sorge tragen, daß Weihnachten uns nicht plötzlich überfällt.

Mit der inneren Vorbereitung auf Weihnachten kann man mit dem Beginn der Adventszeit, Ende November oder Anfang Dezember, anfangen. Die Adventszeit ist die Zeit der Erwartung und Vorbereitung, durch welche die Kinder langsam auf das große Lichterfest hingeführt werden.

In diesem Buch sind viele Möglichkeiten beschrieben, Weihnachtsschmuck mit den Kindern zusammen herzustellen. Dadurch, daß man mit den Händen praktisch tätig ist und das Weihnachtsfest auf diese Weise vorbereitet, kann sich die Seele des Kindes langsam darauf zubewegen. Außer verschiedenen Adventskalendern und Bildern aus dem Evangelium sind hier auch andere Weihnachtsmotive zu finden: Kleine Laternen mit ihrem bescheidenen Licht, Transparente, durch welche das Licht leuchten kann, gefaltete durchsichtige Sterne und Strohsterne, die durch ihre glatte und goldfarbene Oberfläche ein warmes Licht auszustrahlen scheinen.

Auch eine Anzahl räumlicher Figuren ist zu finden, denn in der Welt der Formen und Zahlen gibt es auch Beziehungen zum Weihnachtsfest. Jede Zahl hat ihre eigene Gesetzmäßigkeit; die Zahl Drei finden wir an Weihnachten bei den Hirten und den drei Königen, aber auch in der Dreieinigkeit wieder. Die Zahl Vier gehört zur Erde; dabei können wir an die vier Windrichtungen denken, die vier Jahreszeiten, aber auch an die vier Temperamente. Wir haben die Zahl Vier in der Form des Kubus, der Kristallform von Salz und Pyrit. Auch die Zahl Fünf gehört zur Erde. Leonardo da Vinci zeichnete den Menschen in die Form des Fünfecks, wie wenn er damit ausdrücken wollte, daß der Mensch nach göttlichem Maß geschaffen ist. In der Natur finden wir das Fünfeck und den Fünfstern in vielfältiger Weise in der Pflanzenwelt, in der Form von Blüten und Blättern.

Vieles von dem Weihnachtsschmuck, der in diesem Buch gezeigt wird, ist nicht neu; er wird in zahllosen Variationen schon seit vielen Jahren hergestellt. Durch die Zusammenstellung und Hinweise darauf, wie ein Stück sich durch eine kleine Veränderung entwickeln kann, will der Autor Eltern und Erziehern helfen, selber kreativ zu werden und eigene Variationen zu erfinden. Hier sei ein Wort des Dankes an all diejenigen gerichtet, die an dem Buch mitgearbeitet haben. Nur wenige werden im Inhalt genannt, aber viele Mütter von Kindern der Waldorfschule in Zeist haben mitgeholfen, daß dieses Buch über den Weihnachtsschmuck entstehen konnte.

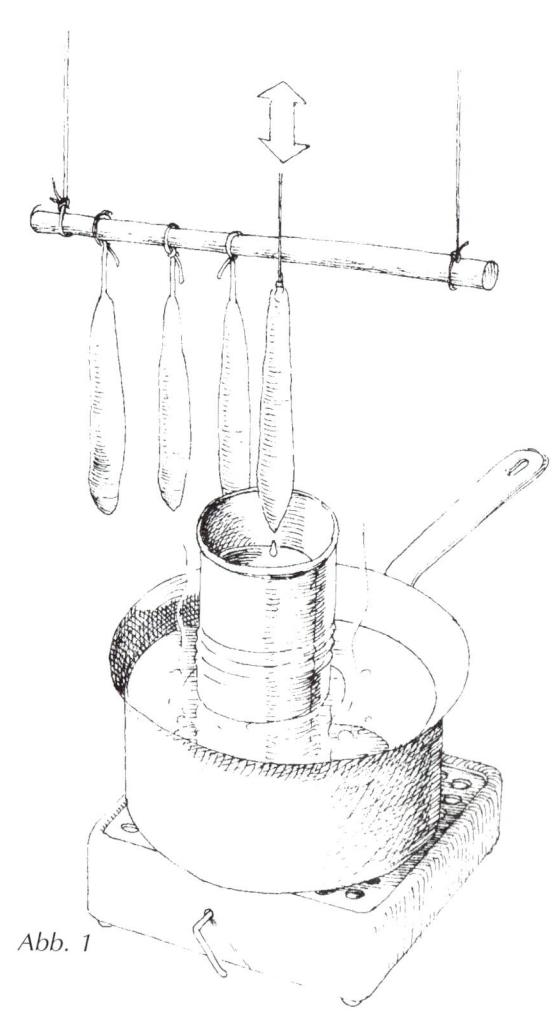

Abb. 1

Kerzen

Kerzen ziehen

Material:
Bienenwachs oder Stearinreste - oder Reste
von Wachskerzen
einen dicken baumwollenen Faden für den
Docht
eine schmale hohe Büchse
ein Töpfchen für heißes Wasser
ein Rechaud oder Teelicht

Arbeitsweise:
Kerzenziehen ist eine Arbeit, die viel Geduld
verlangt.
Man läßt das Wachs in der schmalen hohen
Büchse im Töpfchen mit kochendem Wasser auf
der Gasflamme schmelzen. Die Höhe der Büchse bestimmt gleichzeitig auch die maximale
Länge der Kerzen. Nun legt man Zeitungspapier
auf den Tisch, damit verspritztes Kerzenwachs
die Möbel nicht verschmutzt, und stellt die
Büchse im Töpfchen mit kochendem Wasser auf
das Rechaud oder Teestövchen. Von Zeit zu Zeit
muß Wasser nachgefüllt werden, damit nicht
zuviel verdampft. Weil das Schmelzen des
Wachses ziemlich lange dauert und das geschmolzene Wachs wieder langsam abkühlt, ist
es gut, wenn man eine zweite Büchse mit ge-
schmolzenem Wachs auf dem Gas in Reserve
hat.
Jetzt schneidet man ein Stück von dem baumwollenen Faden ab und stippt ihn kurz in das
heiße Wachs. Man muß darauf achten, daß der
Faden lang genug ist, damit die Kinder mit ihren

Fingern nicht in das heiße geschmolzene Wachs
geraten. Vor allem muß der Faden am Anfang
mit zwei Händen gut straffgezogen werden,
damit die Kerze schön gerade wird. Nun läßt
man das Wachs, das daran kleben geblieben ist,
ein wenig abkühlen, bevor man den Docht wieder eintunkt; so kommt eine Lage über die andere. (Abb. 1) Am unteren Ende der Kerze entsteht
ein immer größer werdender «Tropfen» Wachs,
den man von Zeit zu Zeit mit einem Messer
abschneiden muß.
Ist die Kerze fertig, läßt man sie gut abkühlen
und hart werden. Das kann einige Stunden dau-
ern, und deshalb ist es gut, wenn man die Kerze
am Docht aufhängt, damit sie nicht beschädigt
wird. (Abb. 1)
Wasser und Wachs sind sehr heiß! Deshalb sollten kleine Kinder diese Arbeit nur in Anwesen-
heit von Erwachsenen tun dürfen.

Kerzen verzieren

Material:
eine dicke Kerze
Stockmar-Bienenwachsfolie in verschiedenen
Farben
eine dicke Stricknadel oder ein Spatel

Arbeitsweise:
Wie auf Abbildung 2 zu sehen ist, können Kerzen mit Hilfe verschiedener Techniken verziert
werden. In jedem Fall muß das Wachs zunächst
weich und knetbar gemacht werden. Hierfür
werden kleine Stückchen Wachs in der warmen
Hand mit den Fingern gut durchgeknetet, bis sie
warm und weich geworden sind. Die einfachste
Methode Kerzen zu verzieren ist die, daß man

Abb. 2

kleine Wachsstückchen auf die Kerze klebt und dann die gewünschten Formen plastiziert. Spatel oder Stricknadel können gute Hilfsmittel sein, um Details herauszuformen. Neue Farben kann man dadurch gewinnen, daß vorhandene Farben gut miteinander verknetet werden (rot und gelb geben beispielsweise orange).

Man muß schauen, daß das farbige Wachs gut warm ist, wenn man es auf die Kerze drückt, denn sonst hält es nicht und fällt später wieder ab.

Kerzen verzieren nach der Ausstreichmethode

Material:
eine dicke Kerze (beige oder weiß)
ein kleines Stück feines Sandpapier
Stockmar-Bienenwachsfolie in verschiedenen Farben
eine dicke Stricknadel oder einen Spatel

Arbeitsweise:
Da, wo das farbige Wachs auf der Kerze ausgestrichen werden soll, macht man mit dem feinen Sandpapier vorsichtig den Untergrund ein wenig rauh. Jetzt wird ein Stückchen helles Bienenwachs zwischen den Fingern angewärmt. Ein wenig von dem Wachs wird nun auf die Kerze gedrückt und mit den Fingern so dünn wie möglich ausgestrichen, so daß ein Aquarelleffekt entsteht. Jetzt wird die etwas dunklere Farbe über die helle gestrichen. Mit einer Stricknadel oder dem Spatel werden einzelne Details herausgearbeitet. Wenn man mit der Stricknadel ins Wachs kratzt oder dieses etwas schiebt, kann man Reliefs herausarbeiten.

Will man neue Farben herstellen, so kann das erreicht werden, indem man verschiedene vorhandene Farben miteinander gut durchknetet. Die Stockmar-Farben schwarz, weiß, gold und silber sind nicht transparent und werden deshalb bei dieser Methode wenig verwendet. Diese Aquarelltechnik erfordert einige Übung, ergibt aber auf der Kerze einen guten Effekt.

Kerzenhalter aus Ton (Abb. 3)

Material:
Plastizierton
eine Kerze
Wasserfarbe und Pinsel
durchsichtiger Firnis
Tannenzweige

Abb. 3

Arbeitsweise:

Das Plastizieren eines Kerzenhalters ist in der Adventszeit eine schöne Beschäftigung. Solch ein Kerzenhalter kann sehr unterschiedlich aussehen: Er kann die ganz übliche Form eines Kerzenhalters haben oder geometrisch geformt sein, beispielsweise wie ein Kubus aussehen, oder er kann die Gestalt eines Engels haben, der zwischen seinen Flügeln die Kerze trägt usw. Es ist sinnvoll, eine Auffangschale für das eventuell rinnende Kerzenwachs zu machen, denn sonst fließt es auf den Tisch oder die Tischdecke. Der Kerzenhalter sollte aus einem Stück gemacht werden, so daß keine Tonstückchen «angeklebt» werden müssen (beispielsweise die Arme des Engels). Diese angeklebten Stücke könnten, sobald der Kerzenhalter getrocknet ist, wieder abfallen. Das Loch für die Kerze sollte gleich für eine bestimmte Kerzendicke ausgeformt werden, man nimmt die Kerze jedoch während des Trocknens des Tones wieder heraus, denn es ist möglich, daß der Ton beim Trocknen schrumpft und Risse bekommt.

Man kann, solange der Ton noch weich ist, den Kerzenhalter eventuell mit Tannengrün oder Stechpalmenzweigchen, mit vergoldeten Eicheln usw. schmücken, die man in den Ton steckt. So kann man ein richtiges kleines Weihnachtsgebinde machen. Man muß allerdings gut darauf achten, daß die Zweige nicht zu nahe an der Kerzenflamme sind.

Jetzt muß der Kerzenhalter gut trocken werden, und dann kann man ihn eventuell noch mit Wasserfarben anmalen. Ist die Wasserfarbe trocken, kann der Kerzenhalter auch noch mit Firnis versehen werden.

Adventskalender

Die Adventszeit beginnt mit dem vierten Sonntag vor Weihnachten und dauert bis Weihnachten. Fällt der Heilige Abend auf einen Samstag, so ist der erste Adventssonntag bereits im November, und die Adventszeit dauert dann beinahe fünf Wochen. Fällt der Heilige Abend jedoch auf einen Montag, so liegt der erste Adventssonntag am Anfang des Dezember, und die Adventszeit dauert dann nur etwas mehr als drei Wochen. Deshalb muß man, bevor man einen Adventskalender macht, zunächst die Tage zählen, die in der Adventszeit liegen.

Es gibt viele Arten von Adventskalendern. Die bekanntesten sind diejenigen, bei denen die Kinder jeden Tag während der Adventszeit ein Fensterchen öffnen können. Es ist wichtig, daß der Adventskalender Gelegenheit bietet, die Kinder Schritt für Schritt auf Weihnachten vorzubereiten. Dies geschieht nicht nur dadurch, daß man sieht (oder zählt), daß immer weniger Fensterchen aufgemacht werden müssen, sondern beispielsweise auch dadurch, daß man sehen kann, daß ein Engel auf einer Adventsleiter sich immer mehr der Erde nähert, weil er das Christkind herunterbringt. Advent ist das Fest der Erwartung. Da blau die Farbe der Erwartung ist, ist sie für die Adventszeit besonders geeignet.

Eine Adventsleiter (Abb. 4)

Material:

ein Stück blaue Pappe von ca. 25 x 35 cm
zwei Holzleisten von ca. 7 x 7 mm und 31 cm
Länge
Goldpappe
Goldpapier für Sterne
ein kleines Stück knetbares rosarotes Bienenwachs
eine halbe Walnußschale
ein wenig ausgezupfte Schafwolle
Hobbyleim

Arbeitsweise:

Von der blauen Pappe werden die oberen Ecken
abgeschnitten. Jetzt werden die Holzleisten

Abb. 4

etwas aufgerauht und in die Mitte des Kartons
geklebt, etwa einen Zentimeter vom unteren
Rand entfernt. Der Abstand voneinander sollte 6
cm betragen.

Jetzt schneidet man von der Goldpappe zwei
lange Pfosten von 1 cm Breite und 31 cm Länge
ab und so viele Leitersprossen (0,4 x 7 cm) wie
die Adventszeit Tage hat, einschließlich dem
ersten Adventssonntag und dem Heiligen
Abend.

Jetzt können die Leitersprossen festgeklebt werden. Dabei ist es sinnvoll, wenn man kleine
Markierungen mit Bleistift auf den Leisten auf-
trägt, um dafür zu sorgen, daß die Leitersprossen
gerade werden. Der Abstand zwischen zwei
Sprossen beträgt 13 mm, und man klebt sie am
besten von oben nach unten, genauso, wie das
Himmelskind seinen Weg zur Erde hin macht.
Wenn alle Sprossen gut festgeklebt sind, werden
die beiden «Pfosten» aus Goldpappe über die
Holzleisten geklebt. Sie sollten an jedem Ende
etwas über die Holzleisten hinausragen, so daß
man sie über die Holzenden kleben kann, es
sieht dann schöner aus.

Nun wird aus Bienenwachs ein kleines Himmelskind geknetet, und dieses wird zwischen
die Pfosten gesetzt. Es ist ratsam, keine losen
Beinchen zu machen. Die Walnußschale, mit
etwas Schafwolle darin, wird als Krippe unten
an die Leiter gestellt.

Nun schneidet man aus dem Goldpapier soviele
kleine Sternchen, wie es Adventstage gibt. Die
Kinder können dann jeden Tag einen Stern auf
den blauen Himmel hinter der Leiter kleben,
während das Christkind jeden Tag eine Leiter-
sprosse weiter herunterkommt. An Weihnachten liegt es in der Krippe und hat über sich einen
reichen Sternenhimmel.

Sternenband

Material:
130 cm dunkelblaues Band von 2 cm Breite
Silber- und Goldpappe
Strohhalme
dünner Goldfaden
Hobbyleim

Arbeitsweise:
Man macht aus dem Band und einer Anzahl von Sternen eine Art von Sternentreppe, über die ein Engel zur Erde herabkommen kann. Jeder Adventssonntag wird durch einen Strohstern bezeichnet und die sechs dazwischenliegenden Tage durch silberne Sterne. Man fängt mit dem ersten Strohstern an. Es kann passieren, daß nach dem vierten Adventssonntag noch ein oder zwei Tage kommen, deswegen ist es gut, wenn man dafür noch extra Sterne aus Silberpappe macht. (Strohstern s. S. 36, Fünfsternmodell s. S. 80.)
Zunächst werden die Strohsterne und die Sterne aus Silberpappe neben das Band gelegt, damit man sicher ist, daß die Abstände zwischen den Sternen ungefähr gleich groß sind. Danach werden alle Sterne mit Hobbyleim auf das Band geklebt, wobei der Leim nur in die Mitte der Sterne kommt, damit die Spitzen nicht festkleben.
Nun wird ein kleiner Engel aus Goldpappe ausgeschnitten, der, am ersten Adventssonntag beginnend, Schritt für Schritt herunterkommt. Dadurch, daß die Sterne mit ihren Spitzen nicht festgeklebt werden, kann man den Engel leicht hinter den jeweilig nächsten Stern schieben.
Wenn man will, kann man das Band über den Stall zu hängen, in dem an Weihnachten das Kind geboren wird.

Adventskette aus Walnüssen

Material:
so viele Walnüsse, wie die Adventszeit Tage hat
Goldfarbe
3 - 4 m rotes Band, 2 cm breit
kleine Sachen, die man in die Walnüsse hineintun kann
Hobbyleim

Arbeitsweise:
Die Walnüsse werden vorsichtig geöffnet, so daß die Schalen ganz bleiben. Man muß vor allem darauf achten, daß die zusammengehörigen Hälften nicht verwechselt werden.
Jetzt werden die Nüsse außen vergoldet und beiseite gelegt, damit sie trocknen können. Nun wird in die eine Nußschale eines der kleinen Sächelchen getan. Beispiele: Ein Glöckchen, ein Zwergchen, eine kleine Muschel, ein Schäfchen, ein Häschen aus gezupfter Schafwolle, ein Stein, eine Kugel Knetwachs, eine Murmel, ein Stern aus Goldfolie, eine kleine getrocknete Blume, eine Perle usw.
Nun werden die Ränder der beiden Hälften mit Leim bestrichen und so aufeinandergeklebt, daß das Band zwischen ihnen hindurchläuft.
An jedem Tag der Adventszeit darf eine der Nüsse abgeschnitten und geöffnet werden.

Sternenhimmel als Advents-
kalender

Material:
ein großes Stück dunkelblaues Papier oder
Pappe
Goldpapier für die Sterne
Hobbyleim
eine Schere

Arbeitsweise:
Die Ecken des blauen Kartons werden abge-
schrägt und etwas gerundet, um so den Eindruck
eines «Himmelsgewölbes» zu erwecken. Der
Karton wird an einen geeigneten Platz gestellt
oder an der Wand befestigt. Wenn bereits eine
angefangene Landschaft für eine Weihnachtskrippe vorhanden ist, kann man den Karton
dahinterstellen. Das Kind darf jeden Tag ein
kleines Sternchen auf den Karton kleben. Man
kann es auch sehr gut so handhaben, daß alle
Kinder der Familie jeden Tag ein Sternchen festkleben dürfen. Auf diese Weise entsteht ein
prächtiger Sternenhimmel als Hintergrund für
die Weihnachtskrippe.
Größere Kinder können die Sterne selber ausschneiden, für die Kleineren müssen es die Erwachsenen machen.

Kränze und Weihnachts-
gebinde

Adventskranz (Abb. 6)

Material:
dicker Eisendraht (2,1 mm) für den Reifen
dünner Eisendraht (0,9 mm) für die Kerzenhalter
Tannengrün
dünner Bindedraht
vier Kerzen
blaues Band

Arbeitsweise:
Man nimmt ein Stück dicken Eisendraht, es muß
lang genug sein, damit es zweimal den Reifen-

Abb. 6

Abb. 7

Abb. 8

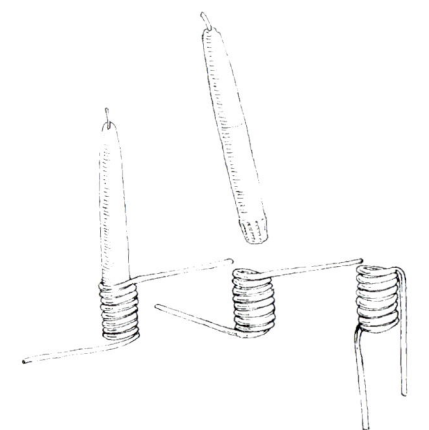

umfang ergibt, und biegt daraus eine schöne runde Form. Die Enden wickelt man gut umeinander (siehe Abb. 7). Nun wird der Adventskranz gebunden. Hierfür wird zunächst eine Basis aus etwas größeren Zweigen gemacht (etwa 20 - 25 cm Länge), und diese bindet man «dachziegelartig» auf den Reifen: Der erste Zweig wird am untersten Ende des Reifens (mit dem dünnen Bindedraht) festgebunden, und unter das dünner werdende Ende des vorigen Zweiges wird jeweils ein neuer Zweig geschoben. So wird der Adventskranz regelmäßig dicker.

Nach der ersten Runde sollte man nicht zu große Zweige nehmen, denn sie sind wenig biegsam und lassen sich nicht so leicht bearbeiten und befestigen. Für die letzte Runde nimmt man am besten schöne kurze Zweige, um mit ihnen eventuelle Unebenheiten ausgleichen zu können. Für die Kerzenhalter nimmt man ein Stück von dem dünnen Eisendraht und wickelt ihn um das untere Ende einer Kerze herum. Danach werden die beiden Enden nach unten gebogen (siehe Abb. 8).

Die vier Kerzenhalter werden in den Kranz gesteckt, und zwar nicht zu tief ins Grün hinein, damit sie noch etwas herausschauen. Die Enden des Eisendrahtes werden nach der unteren Seite des Kranzes umgebogen. Das blaue Band wird genau in der Mitte durchgeschnitten, und beide Bänder werden nun genau in die Mitte jeweils zweier Kerzen geknotet.

Der Adventskranz wird an den Bändern aufgehängt. Wenn der Kranz liegen soll, kann man ihn auch mit dem blauen Band umwickeln.

Einfacher Türkranz (Abb. 9)

Material:

eine Rolle Bindedraht
Tannengrün
Koniferengrün
dünner Eisendraht (1,5 mm)
verschiedene Sorten von Zweigen als
Verzierung: Stechpalmen, Koniferenzweige,
Blautannenzweige, Efeu, Beeren, Tannen- oder
Lerchenzapfen, isländisches Moos usw.
farbiges Band

Abb. 9

Arbeitsweise:

Aus dem Eisendraht wird ein Kreis von ungefähr
25 cm Durchmesser geformt: Die Enden werden
fest miteinander verbunden (siehe Abb. 7).
Damit der runde Rahmen schön stabil wird,
bindet man zunächst größere Tannenzweige (20
- 25 cm Länge) fest, genau wie beim Adventskranz. Man darf mit den Zweigen nicht sparen,
und der Draht muß kräftig angezogen werden.
Es sollten keine Zweige herausragen. Wenn der
Untergrund mit Tannenzweigen fertig ist, bindet
man die zweite Lage mit Koniferenzweigen, bis
der Kranz rundherum gleichmäßig aufgebaut
ist.

Jetzt kann der Kranz verziert werden, der Draht
bietet dafür gute Möglichkeiten, und die eventuell noch sichtbaren Drahtbindungen können
mit den Verzierungen gut verdeckt werden. Die
Zierzweige dürfen nicht zu lang sein und sollten
schön gleichmäßig über den ganzen Kranz verteilt werden. Man kann auch versuchen, sie
«dachziegelartig» in den Kranz zu stecken und
dabei beispielsweise auf die Farbschattierungen
achten.

Schließlich werden die Tannenzapfen, Lerchenzapfen, die kleinen Beeren und das isländische
Moos verarbeitet. Tannenzapfen und Lerchenzapfen werden mit einem Stückchen Draht von
15 cm Länge versehen. Der Draht wird fest angezogen und umeinandergewickelt (eventuell
mit einer kleinen Zange). Auch das isländische
Moos kann auf diese Weise mit Draht versehen
werden. Mit dem Draht können alle diese Dinge
nun auf dem Kranz befestigt werden. Schließlich hängt man den Kranz an einem bunten
Band, z.B. an der Haustüre, auf.

Kleines Weihnachtsgebinde

(Abb. 11)

Material:
eine flache Schale mit Gesteckschaum
Tannengrün für die Basis
Koniferenzweige, wenn möglich etwas
«gekräuselt»
verschiedene Sorten von Blättern wie
Stechpalme und Efeu
rote Beeren
Tannen- oder Lerchenzapfen auf Draht
(s. S. 17)
Büschel isländisches Moos auf Draht (s. S. 17)

Abb. 11

Arbeitsweise:

Abb. 10

Man schneidet den Ge-
steckschaum reichlich zu,
so daß er fest in der Schale steckt und oben etwas
darüber herausschaut.
Nun läßt man den Ge-
steckschaum etwa 10
Minuten in Wasser wei-
chen und befestigt ihn
eventuell mit wasserfe-
stem Klebeband, das man
kreuzweise darüberklebt.
Der Rand des Gesteck-
schaums wird etwas
abgerundet (Abb. 10).
Nun beginnt man
damit, daß man
kleine Tannen-
zweige von
ungefähr 10
cm Länge

rundherum und schräg in den Schaum hinein-
steckt, so daß die Schale nicht mehr zu sehen
ist. Danach werden kleine Zweige als «Füllsel»
schräg und spiralig in den Gesteckschaum gesteckt. Man sollte immer rundherum arbeiten,
so daß alles gleichmäßig verteilt wird. Die letzten Zweige können etwas kürzer sein als die anderen.
Man muß aufpassen, daß man das Gesteck nicht
zu bunt macht durch zuviele verschiedene
Blättersorten. Schließlich vollendet man das
Weihnachtsgesteck mit ein paar Blüten, ein
paar Stechpalmenbeeren, isländischem
Moos oder Tannenzapfen. Wenn man
möchte, kann man noch eine Kerze
dazu stecken.

18

Abb. 12

Tannenzapfenkränzchen (Abb. 12)

Material:
sieben gleich große Tannenzapfen
Bindedraht
ein Stück Band
eine kleine Zange

Arbeitsweise:
Die sieben Tannenzapfen müssen gut trocken sein, damit sie schön geöffnet sind. Man legt die Tannenzapfen in einen Kreis und mißt dann den Draht ab; er muß ungefähr den zweieinhalbfachen Umfang des Tannenzapfenkreises haben. (Abb. 13) Nun wird der Draht zunächst doppelt gelegt und die Öse hergestellt, an der nachher

der Kranz aufgehängt werden kann. Dies geschieht so, daß man am Falz eine kleine Schlinge macht und die beiden Enden des Drahtes kräftig umeinanderwickelt. Das Stück gewickelten Drahtes, das zwischen der Öse und der Stelle ist, an der der erste Tannenzapfen befestigt wird, soll ungefähr 1 cm betragen. (Abb. 13) Nun wird der Draht zwischen die Schuppen des ersten Tannenzapfens, um das untere Viertel geschoben und einige Male herumgewickelt, dadurch wird der Tannenzapfen fest mit dem Draht verbunden. Die anderen Zapfen werden

Abb. 13

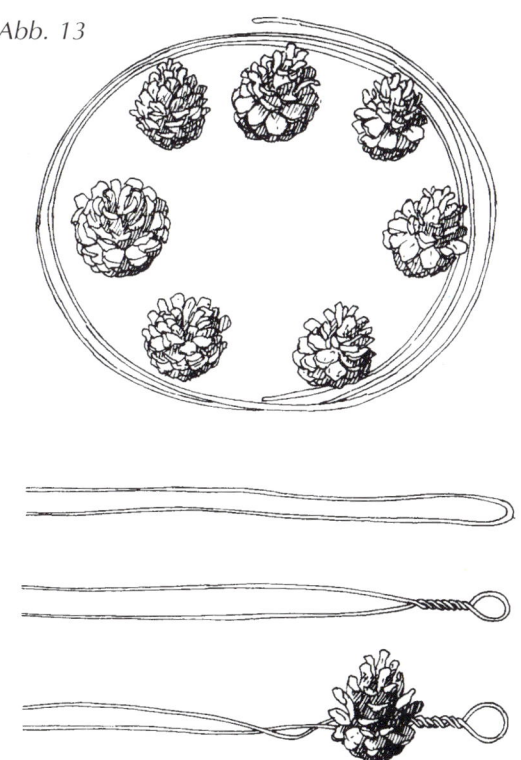

auf die gleiche Art befestigt. Beim Verdrehen des Drahtes muß man darauf achten, daß die Tannenzapfen nicht zu nah beieinander sind, sonst kann der Draht nicht zum Kranz gebogen werden. (Abb. 13)

Wenn alle sieben Tannenzapfenn befestigt sind, wird das Ganze zum Kranz gebogen. Die Enden des Eisendrahtes werden einige Male unter der Aufhängeöse umeinander gedreht, und der Rest wird abgeschnitten. Schließlich zieht man eine Schnur oder ein Band durch die Öse, und eventuell kann man noch ein grünes Zweigchen daran befestigen.

Kleine Laternen

Einfaches Laternchen

Material:
ein Blatt dünnes Zeichenpapier
Wasserfarbe und Pinsel
Salatöl
Hobbyleim
ein weites Marmeladenglas oder ein Gurkenglas
ein Kerzchen

Arbeitsweise:
Dieses Laternchen besteht aus einer losen Papiermanschette, die über das Marmeladenglas geschoben wird. Das Papier wird naß gemacht und mit einem Schwamm auf einem Brett glattgestrichen. Dann wird das nasse Papier mit Wasserfarbe bemalt. Es geht nicht so sehr darum, daß bestimmte Einzelheiten gemalt werden, sondern um eine Stimmung, die durch die Farben ausgedrückt werden kann.

Dann wird das getrocknete Papier auf die richtige Größe zugeschnitten, und zwar so, daß es über den oberen Rand des Glases hinausragt (maximal 1 cm) und ungefähr 2 cm länger ist als der Umfang des Glases. Danach wird das Papier vorsichtig auf beiden Seiten mit etwas Salatöl eingeölt (nicht zuviel nehmen). Mit dem Hobbyleim werden die beiden Ränder so aufeinandergeklebt, daß ein Zylinder entsteht, der sich leicht über das Glas schieben läßt (Abb. 14).

Nun wird ein Teelicht oder ein kleines Christbaumkerzchen in das Glas gestellt (es hängt davon ab, wie groß das Glas ist), und die kleine Laterne ist fertig.

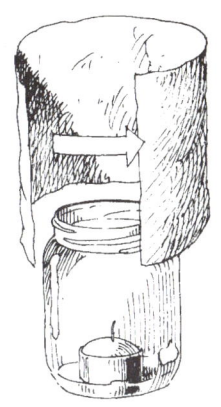
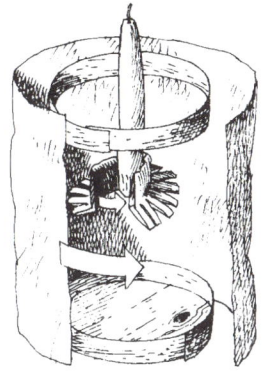

Abb. 14   *Abb. 15*

Glaslaterne (Abb. 16)

Material:
ein großes leeres Gurkenglas (2 Liter)
Seidenpapier in verschiedenen Farben
ein Stück Goldkarton
ein alter Lappen
Tapezierkleister
ein scharfes Messer oder eine Nadel

Arbeitsweise:
Das Glas wird rundherum mit Kleister bepinselt und mit einer Lage weißen Seidenpapiers beklebt; es braucht nicht überall glatt anzuliegen. Dieses weiße Seidenpapier ist die Basis für das Transparent.

Abb. 16

Variation:
Anstelle des Glases kann man eine runde Camembertschachtel nehmen. Der meist etwas hohe Rand der Käseschachtel wird bis zur Hälfte abgeschnitten und der Deckel ausgeschnitten. Jetzt werden die Ränder der Schachtel und des Deckels ebenso wie die Innenseite des bemalten Papieres (oben und unten) mit Hobbyleim bestrichen und kurz an der Luft getrocknet. Nun wird das Papier erst oben und dann unten an der Käseschachtel festgeklebt und danach die vertikale Naht des Papieres zugeklebt (Abb. 15).
Nun wickelt man um den Fuß einer Christbaumkerze einen Streifen Alufolie einige Male herum, die an der Unterseite eingeschnitten wird. Diese Strahlen werden nach außen gefaltet und mit Hobbyleim auf dem Boden des Laternchens festgeklebt.

Als Vorbild kann man die Laterne von Abbildung 16 nehmen. Die Darstellung kann man eventuell zunächst auf einem Stück Papier skizzieren. Dabei sollten die Figuren nicht zu klein sein. Die Gewänder werden aus dem Seidenpapier ausgeschnitten oder gerissen. Die Figuren klebt man glatt auf das weiße Seidenpapier oder man legt die Kleider etwas in Falten, wie es auch auf den Transparenten von Seite 62 gemacht worden ist. Die Könige können eine goldene Krone auf den Kopf und eventuell einen goldenen Stab in die Hand bekommen. Für den Himmel nimmt man blaues Seidenpapier. Den Sternenhimmel macht man, indem mit einem scharfen Messer oder mit einer großen Nadel hier und dort Sterne aus dem Seidenpapier herausgekratzt werden.

Für das große Glas braucht man natürlich auch eine größere Kerze, denn ein Teelicht wäre zu klein und würde zuwenig Licht geben.

Fünfstern-Laterne (Abb. 19)

Material:
dünnes, jedoch stabiles Zeichenpapier
ein Winkelmesser
ein Lineal
ein Messer
ein Teelicht
ein Klebstift

Arbeitsweise:
Für diese Laterne braucht man elf Fünfecke. Eine günstige Länge für die Seiten ist 6 cm. Für die Konstruktion (siehe S. 80) wird der Radius des Zirkels ungefähr 5 cm sein (siehe Abb. 18).

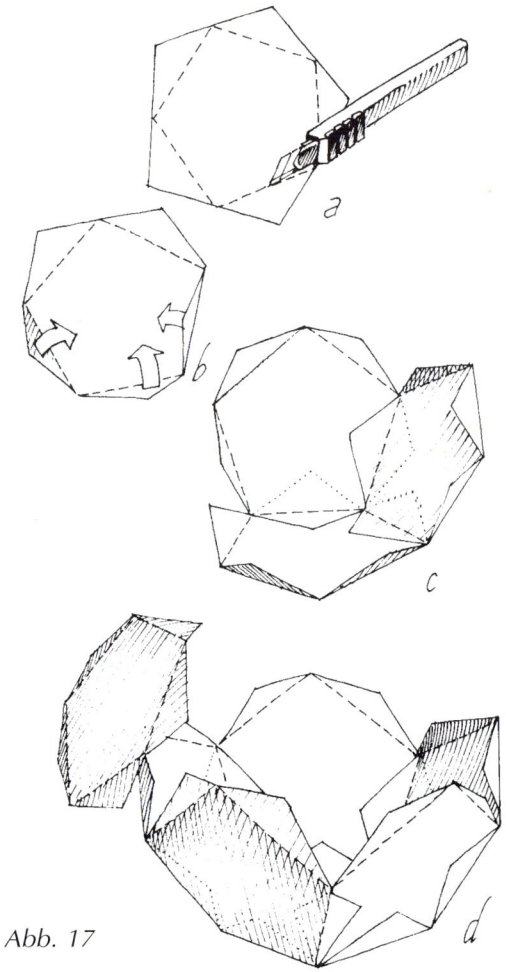

Abb. 17

Nun wird die Mitte der Seiten aller Fünfecke bestimmt. Diese Punkte werden miteinander durch Linien verbunden, die man vorsichtig mit dem Messer ritzt. Die so entstandenen Ecken werden umgefaltet, wodurch ein kleineres Fünfeck entsteht (Abb. 17 a und b). Bevor man die

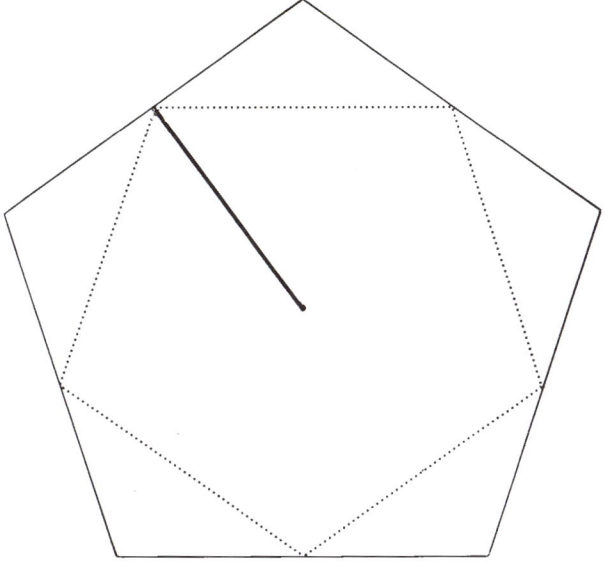

Abb. 18

Abb. 19

Fünfecke zeichnet und ausschneidet, kann man sie mit Wasserfarbe bemalen.

Nun werden die Fünfecke so aneinandergeklebt, daß stets die umgefalteten Ecken das angrenzende Fünfeck überlappen (Abb. 17 c). Wie man auf Abb. 17 d sieht, ist es am besten, wenn zunächst die untere Hälfte mit dem Boden gemacht wird und dann die obere Hälfte so daraufgesetzt wird, daß die Fünfecke mit den Spitzen nach unten an die untere Hälfte geklebt werden. Die Ecken am oberen Rand werden nach unten geklebt; genauso kann man mit dem unteren Rand verfahren, wenn man keinen Boden machen möchte; ohne Boden kann man eine Kerze oder ein Teelicht leichter hineinstellen.

Wird die Kerze angezündet, so wird in jedem Fünfeck ein Fünfstern sichtbar (Abb. 19).

Laterne in Form eines Pentagondodekaeders

Material:
kräftiges Zeichenpapier
ein Winkelmesser
ein Lineal
ein Messer
ein Klebstift

Arbeitsweise:
Äußerlich ähnelt diese Laterne der Fünfstern-Laterne, aber weil hier kein Fünfstern leuchten wird, ist der Ausgangspunkt ein kleineres Fünfeck mit einer Seitenlänge von ca. 4,8 cm; für die Konstruktion (siehe S. 80) wird der Zirkel mit einem Radius von ungefähr 4 cm eingestellt. Auf

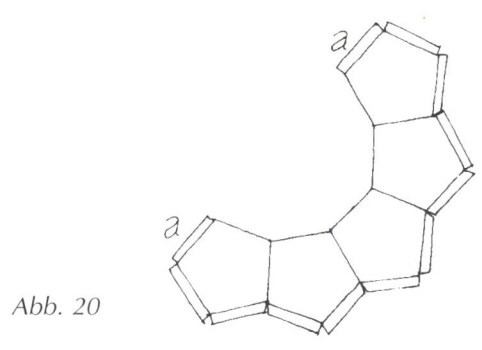

Abb. 20

Abb. 20 kann man sehen, wie die Fünfecke oben und unten zusammengeklebt werden. Eine deutliche Arbeitsanleitung ist auf Seite 82/ 83 abgedruckt. Die Kleberänder werden nach innen gefaltet und gegeneinandergeklebt. Auf diese Weise sind sie unsichtbar, wenn das Licht durchscheint. Ebenso wird die obere Hälfte auf die untere Hälfte geklebt (Abb. 21).

Auch bei dieser Laterne kann das Papier eventuell bemalt werden, bevor es zu Fünfecken aufgezeichnet und ausgeschnitten wird. Das fertige Laternchen kann auch mit Seidenpapier beklebt werden (siehe Abb. 22). Wenn man möchte, kann auch hier wie bei der Fünfstern-Laterne der Boden weggelassen werden.

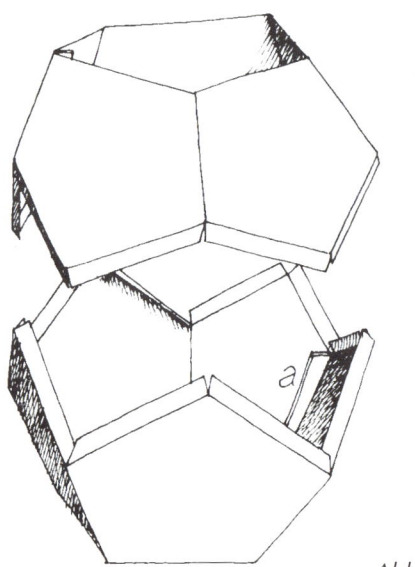

Abb. 21

Abb. 22

Engel

Engel aus Wolle (Abb. 23)

Material:

ca. 45 cm Kammband (gewaschene und kardierte Schafwolle)
dünner Gold- oder Silberfaden

Arbeitsweise:

Beim Arbeiten mit Kammband muß bedacht werden, daß die Wolle niemals geschnitten, sondern nur auseinandergezogen wird. Der Strang wird in zwei gleiche Teile geteilt; nur die eine Hälfte wird benötigt. Von diesem einen Teil

Abb. 23

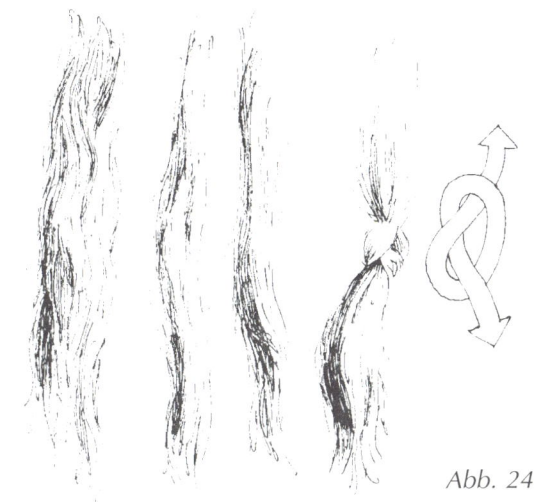

Abb. 24

wird ein Drittel für Arme und Flügel genommen. Nun wird in der Mitte des dicken Stranges (Zweidrittelteil) ein Knoten gemacht und dieser fest angezogen. Dieser Knoten wird das Gesicht (Abb. 24).

Nun wird der Strang senkrecht gehalten und der Teil, der über dem Kopf ist, nach unten gelegt. Diese Wolle wird für die Haare um den Kopf drapiert und im Nacken mit einem langen Goldfaden festgeknotet. Die Enden des Goldfadens werden zusammengeknotet, und so hat man die Aufhängeschlaufe (Abb. 25 a und b).

Nun wird der Engel auf den Bauch gelegt, und das Büschel Wolle, das gerade für die Haare um den Kopf nach unten gelegt wurde, wird in drei gleiche Teile geteilt; der mittlere Teil wird nach oben über den Kopf gelegt und die zwei anderen Teile nach rechts und links, sie werden nachher zu Flügeln (Abb. 25 c).

Nun wird vom dünnen Strang ein Stückchen Wolle von ca. 15 cm Länge gezupft. In der Mitte

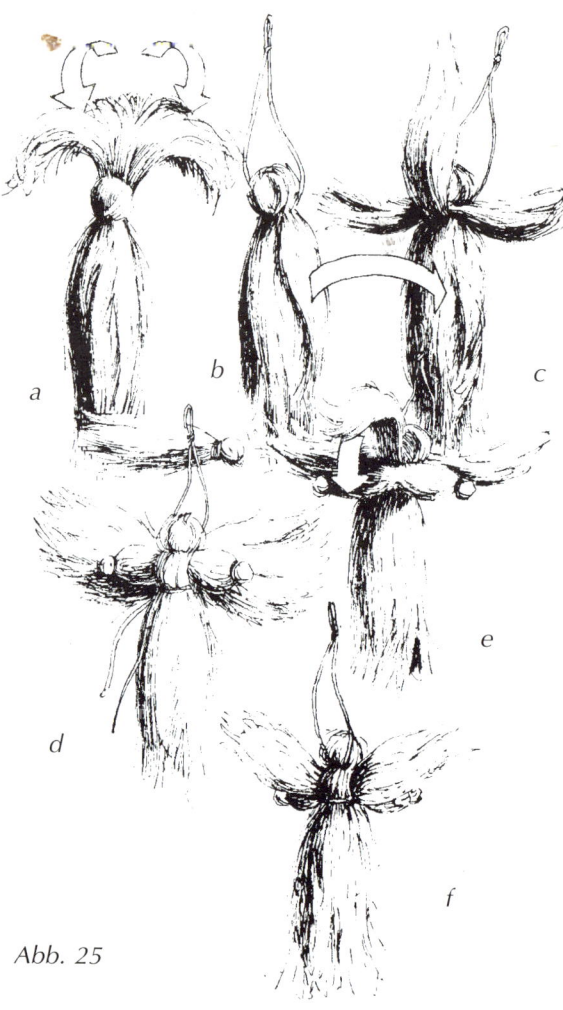

Abb. 25

wird sie kräftig gedreht, doppelt gelegt und mit dem Goldfaden ein Händchen abgebunden (Abb. 25 c). Das Büschel, das die Arme bildet, wird nicht abgeschnitten. Der andere Arm wird auf gleiche Art und Weise gemacht.

Nun werden die Arme hinter den Nacken des Engels gelegt (Abb. 25 e), und das Büschel Wolle, das über den Kopf gelegt wurde, legt man nun über die Arme nach unten. Der Engel wird umgedreht, Arme und Flügel werden gut nach oben geschoben, und unter den Armen wird, sozusagen als Leib, ein Goldfaden kräftig rundum gewickelt. Die Enden kann man als Gürtel hängen lassen.

Schließlich werden die Flügel und das Gewand gezupft, indem man die Wolle mit einer Hand festhält und mit der anderen vorsichtig zieht.

Engelmobile (Abb. 26)

Material:
weißes Seidenpapier
Kammband (gewaschene und kardierte Schafwolle)
Goldfaden
weißes Garn
Silberdraht
eine Walnußhälfte
weißes Bienenwachs
Hobbyleim
eine Schere
eine Drahtzange

Arbeitsweise:
Das Seidenpapier wird in zwei Quadrate von 18 x 18 cm geschnitten. Das eine Quadrat wird mit der glänzenden Seite und der einen Spitze nach unten auf den Tisch gelegt. Linke und rechte Spitze werden ungefähr 2,5 cm nach innen gefaltet und ein kleines Büschel Wolle in die Mitte aufs Papier gelegt (Abb. 27). Nun wird das Papier über die zu einer kleinen Kugel gedrehten

Wolle gefaltet, so daß die zwei übriggebliebe-
nen Spitzen sich berühren, und nachdem das
Köpfchen gut ausmodelliert ist, wird es mit dem
weißen Faden abgebunden. Aus den beiden
Spitzen des Papiers werden Händchen geformt
und mit dem weißen Faden abgebunden. Nun
wird dem Engel die richtige Form gegeben, indem man ihn oben rund macht, so daß es aussieht, als ob er wirklich schwebt. An jedem
Händchen wird ein Goldfaden von ungefähr 20
cm Länge befestigt, und am Ende der beiden
Fäden wird ein Knoten gemacht; dieser wird am
Rand der Walnußschale mit Leim befestigt. Auf
dieselbe Weise wird nun ein zweiter Engel hergestellt, und die Goldfäden dieses Engels werden an der anderen Seite am Rand der Walnußschale befestigt. Nun wird von dem Silberdraht

Abb. 26

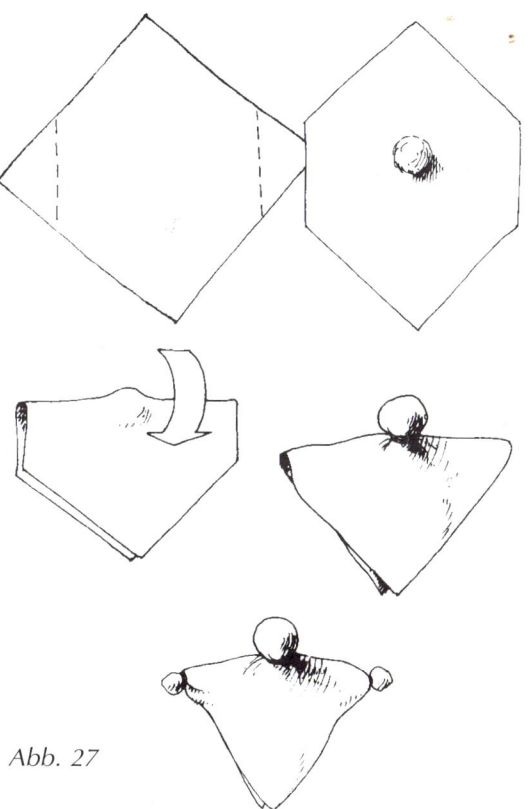

Abb. 27

ein 17 cm langes Stück abgeschnitten, leicht
gebogen und an beiden Enden mit Hilfe der
Zange zu einer Öse gebogen. Um den Hals der
beiden Engel wird ein Goldfaden von ungefähr
17 cm Länge gebunden (dies ist für das Gleich-
gewicht des Mobiles wichtig), und diese Enden
werden in den Ösen des Drahtes befestigt. In
der Mitte des Drahtes wird ebenfalls ein Goldfaden von 17 cm Länge befestigt, und daran wird
das Mobile aufgehängt.
In die, eventuell vergoldete, Walnußschale legt
man ein wenig Wolle und darauf ein kleines

Kindchen aus Bienenwachs. Nun können die Engel das Kindchen vom Himmel zur Erde bringen. Natürlich kann man die Engel auch einzeln machen, oder das Mobile kann durch mehrere Engel vergrößert werden.

Engel aus Goldfolie (Abb. 29)

Material:
weißes Seidenpapier
gezupfte Schafwolle
Goldfolie
eine stumpfe Nadel oder eine feine Stricknadel
ein Stückchen Kammband
Hobbyleim

Arbeitsweise:
Aus dem Seidenpapier schneidet man ein kleines Quadrat von 10 x 10 cm aus und macht daraus mit der gezupften Schafwolle, die man zu einem Kügelchen geformt hat, ein kleines Köpfchen, wie beim Engelmobile auf S. 27 beschrieben wurde. Mit einem feinen Faden wird das Köpfchen abgebunden, den man im Nacken verknotet (Abb. 28).

Dann werden aus der Goldfolie Körper, Arme und Flügel ausgeschnitten (Abb. 29, 30). Die Folie wird mit der Außenseite nach oben auf eine nicht zu harte Unterlage, z.B. auf ein Stückchen weichen Karton, gelegt, und mit einer stumpfen Nadel zeichnet man die Formen auf die Folie.

Köpfchen und Hals werden auf die Innenseite des Körpers geklebt, und diesen klebt man am Rücken so zusammen, daß er stehen kann (Abb. 28). Die Arme werden an beiden Seiten des Körpers festgeklebt und die Flügel am Rücken.

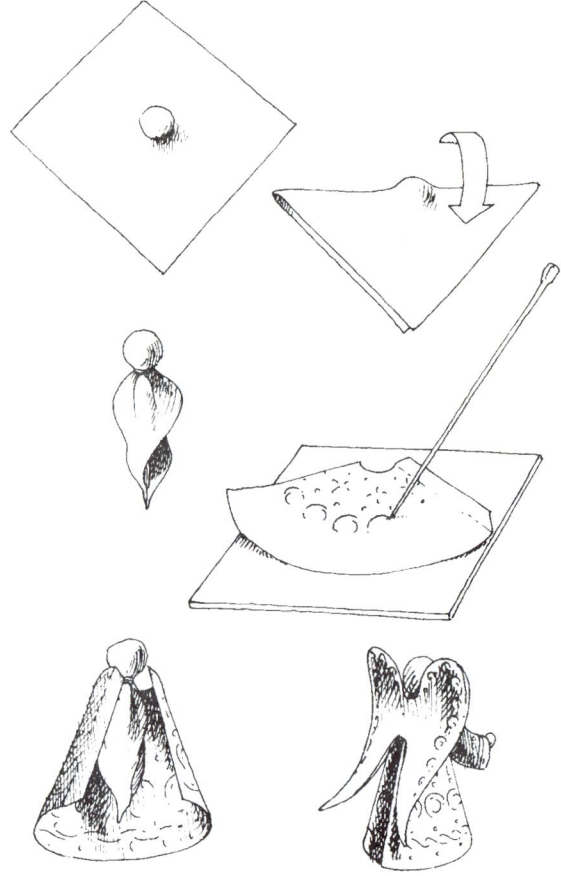

Abb. 28

Von dem Kammband nimmt man ein Stückchen Wolle, legt sie als Haare um das Köpfchen und klebt sie fest. Schließlich werden aus zwei Stückchen Seidenpapier Händchen gemacht und diese in den Armen festgeklebt.

28

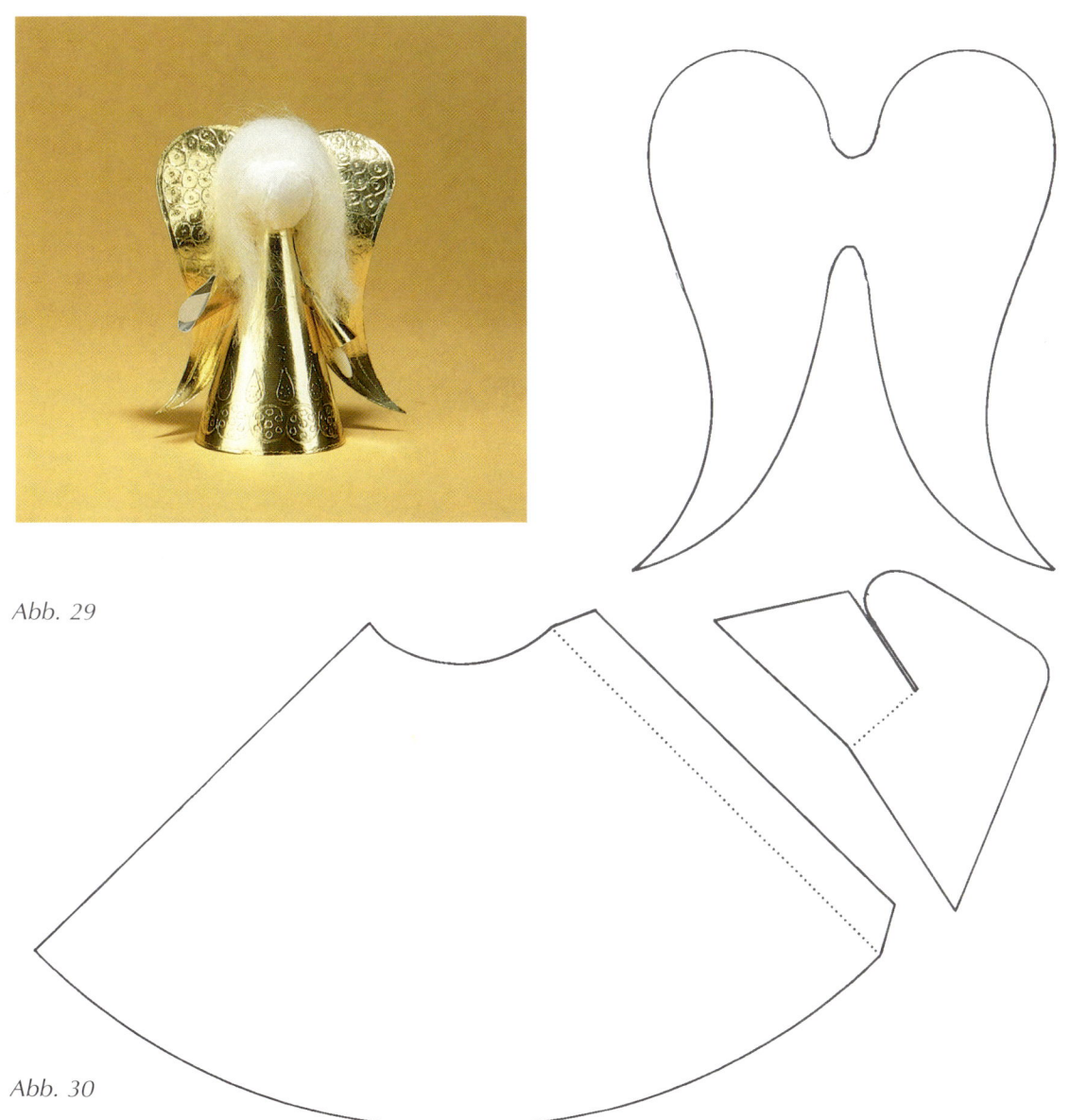

Abb. 29

Abb. 30

Strohengel (Abb. 31)

Material:
Strohhalme
stabiles Garn oder Goldfaden
Tesakrepp
ein Stück Goldfolie
Hobbyleim
Schere

Arbeitsweise:
Für den Strohengel werden die Halme auf ganz verschiedene Art verarbeitet. Auf Seite 30 wird gezeigt, wie man sie verarbeiten kann. Für Kopf und Körper nimmt man ungebügelte, runde Halme; für die Arme werden unaufgeschnittene, flachgebügelte und für die Flügel aufgeschnittene und flachgebügelte Halme verwendet.

Abb. 31

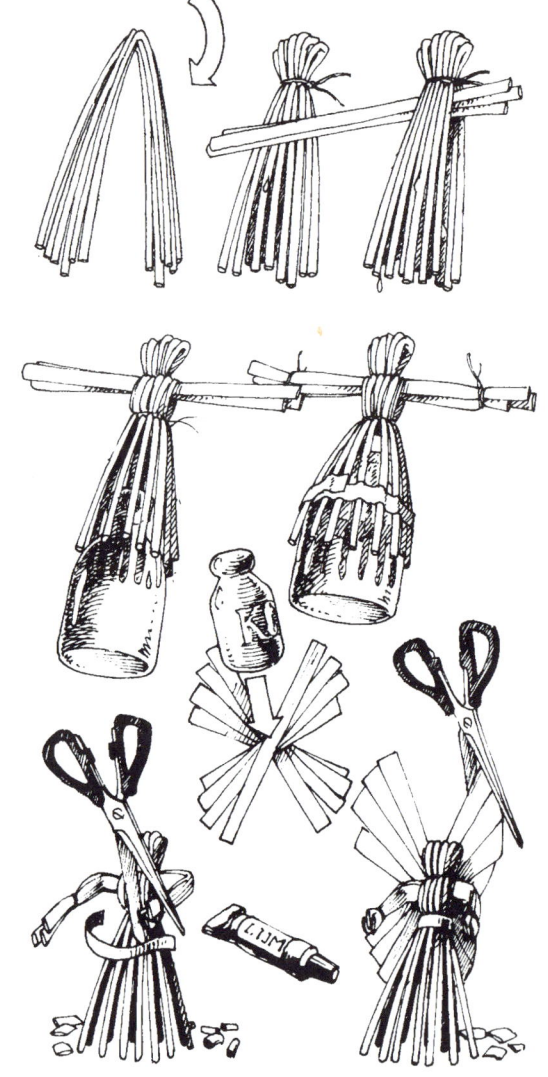

Abb. 32

Für Kopf und Körper nimmt man ungefähr 8 runde Halme und legt sie einige Stunden in eine Schüssel mit Wasser. Dadurch werden sie geschmeidig und lassen sich leichter biegen. Nun werden die Halme in der Mitte umgebogen. Die Länge des halben Halmes ergibt die gesamte Größe des Engels - Kopf und Körper bis zum unteren Rand. Mit Zwirn bindet man den Kopf ab (Abb. 32).

Jetzt nimmt man 3 oder 4 flachgebügelte (nicht aufgeschnittene) Halme und schiebt sie in die Mitte zwischen die runden Halme des Körpers, und dann bindet man die Taille ab. Dann muß man versuchen, die Halme, die den Unterleib bilden, in einem runden Kranz anzuordnen. Dazu nimmt man einen runden Gegenstand mit einem Durchmesser von 1,5 - 2 cm (beispielsweise ein Medizinfläschchen oder eine etwas dickere Wachskerze) und schiebt ihn von unten in den Kranz von Halmen. Dadurch werden die Halme, die noch naß sind, nach außen gebogen. Mit Tesakreppband werden die Halme nun am Fläschchen festgeklebt – das kann später wieder gut entfernt werden. Über Nacht läßt man die Halme trocknen, und am nächsten Tag zieht man das Klebeband ab. Nun behalten die Halme die gewünschte Form. Mit der Schere wird das Engelsgewand am Saum schön gerade abgeschnitten, man darf allerdings nicht zu viel abschneiden und sollte immer wieder kontrollieren, ob der Engel steht.

Während der Engelskörper trocknet, macht man die Flügel. Dazu verwendet man aufgeschnittene und flachgebügelte Halme. Man sollte einige besonders schöne und farblich zusammenpassende Halme dafür auswählen. Die Halme werden über Kreuz aufeinandergelegt, und zwar so, daß das nächste immer ein Stück weiter nach unten gelegt wird (siehe Abb. 32). Wie zu einem Fächer klebt man die Halme im Schnittpunkt mit Leim aufeinander und läßt das Ganze unter Druck trocknen, damit der Mittelpunkt nicht zu dick wird. Damit die Flügel ihre richtige Form bekommen, kann man auch hier mit Tesakrepp nachhelfen. Auf Abb. 31 wurden für die Flügel 8 Halme verwendet. Wenn der Körper trocken und der Saum geradegeschnitten ist, macht man die Arme fertig. Die Armhalme werden mit etwas Hobbyleim zusammengeklebt und, bevor der Leim trocken ist, nach vorne gebogen. Da jetzt die Halme noch nicht abgeschnitten sind, hat der Engel noch sehr lange Arme. Das ist günstig, denn so kann man diese langen Arme vorne zunächst zusammenbinden (siehe Abb. 32). Wenn der Leim dann gut getrocknet ist, schneidet man die Arme auf die richtige Länge zurück und macht die Händchen, indem man die Halme am Ende mit Zwirn zusammenbindet.

Bevor die Flügel befestigt werden, ist es günstig, den Engel mit eventuellen Verzierungen auszustatten. Auf Abb. 31 hat der Engel beispielsweise einen Gürtel aus einem schmalen Streifen Goldfolie bekommen. Man kann ihm auch zwei über die Brust gekreuzte Bänder oder ein Goldband auf die Stirn mit einem kleinen Stern darauf machen.

Nun wird der Fächer aus flachgebügelten Halmen, die Flügel, mit dem Leim am Rücken des Engels festgeklebt. Wenn der Leim trocken ist, schneidet man die Flügel in Form. Es ist sicher deutlich, daß die Anzahl der verwendeten Halme die «Dicke» des Engels bestimmt. Man sollte nicht weniger als 8 Halme für den Körper verwenden, denn sonst sieht der Unterbau des Engels merkwürdig aus.

Einfache Transparente

Allgemeine Arbeitsweise:

Wenn man Transparente macht, empfiehlt es sich, mit weißem Untergrund zu arbeiten. Sehr günstig ist es, wenn man zur Herstellung von Transparenten, die aus verschiedenen Lagen und immer dunkler werdenden Farben bestehen, ein Glastischchen mit Licht darunter oder einen Lichtkasten hat.

Bei der Wahl der Farben muß man immer die Mischfarben, die entstehen, wenn zwei verschiedene Seidenpapiere übereinanderliegen, im Auge behalten. Das Ergebnis kann sehr überraschend sein.

Die Konturen werden mit einem sehr gut gespitzten Bleistift vorgezeichnet, denn beim Ausschneiden dürfen die Linien nicht mehr zu sehen sein.

Zum Ausschneiden verwendet man eine kleine scharfe Schere; vor allem muß man sich Zeit lassen, denn die Arbeit ist kniffliger als man denkt. Beim Kleben sollte man so wenig Leim wie möglich verwenden und diesen so dünn wie möglich verstreichen; Klümpchen sieht man später. Tapetenkleister kann verwendet werden, er hat den Vorteil, daß man das Papier noch einmal auseinanderziehen kann, wenn es nicht richtig sitzt. Der Nachteil ist, daß die Papierchen im Lauf der Zeit nicht mehr kleben. Man kann jedoch auch sehr gut einen Klebestift verwenden.

Will man Transparente machen, die ans Fenster gehängt werden, muß man bedenken, daß sich Kondenswasser bilden kann. Hier muß man eine dünne Plastikfolie dahinterkleben.

Einfaches Fenstertransparent

(Abb. 33, 34)

Material:
Seidenpapier in verschiedenen Farben
Tapetenkleister oder Klebestift
scharfe Schere

Arbeitsweise:
Die hier angewandte Technik, bei der ausschließlich Seidenpapier verwendet wird, läßt die Farben sehr schön zur Geltung kommen und bietet die Möglichkeit zu unzähligen Varianten. Der Engel auf Abb. 33 besteht aus zwei Lagen gelbem Seidenpapier und weißem Seidenpapier als Abdeckung.

Abb. 33

Zunächst skizziert man die gewünschte Darstellung auf weißem Transparentpapier. Danach wird für jede Lage Seidenpapier die entsprechende Detailzeichnung auf das Transparent gemacht. Der gelbe Engel besteht also aus den beiden oberen Figuren von Abb. 35.

Das erste Blatt gelbes Seidenpapier legt man auf die erste Zeichnung, zieht die Konturen mit dem spitzen Bleistift nach und schneidet es aus. Dieses ausgeschnittene Seidenpapier legt man nun auf die zweite Zeichnung und schiebt es so lange hin und her, bis die beiden Zeichnungen gut aufeinanderpassen. Dann legt man das zweite Blatt Seidenpapier genau auf das erste, zieht die zweite Zeichnung mit dem Bleistift nach und schneidet es aus. Die beiden gelben Blättchen werden nur an einigen wenigen Punkten zu-

Abb. 34

Abb. 35

33

sammengeklebt, ebenso das weiße. Schließlich werden noch die herunterhängenden Spitzen des Engels mit wenig Leim festgeklebt.

Variante:
Der blaue Engel von Abb. 34 hat eine Lage mehr als der gelbe: Dieses Transparent besteht aus zwei Lagen hellblauem und einer Lage rosarotem oder lila Seidenpapier. Die Arbeitsweise ist dieselbe.
Beim Aufeinanderkleben müssen die ausgeschnittenen Figuren genau aufeinanderpassen, der Rand kann später abgeschnitten werden.

Einfaches Bleiglas-Transparent
(Abb. 37)

Material:
dickes blaues Zeichenpapier
Seidenpapier in verschiedenen Farben
Tapetenkleister oder Klebestift
scharfes Messer

Arbeitsweise:
Mit dieser Technik bekommt man den Effekt eines Bleiglas-Fensters.
Man zeichnet die Darstellung und den Rahmen zunächst auf einem Stück weißen Transparentpapiers vor und überträgt dann die Formen mit Hilfe eines Durchschlagpapiers auf das dunkelblaue Zeichenpapier. Man kann die Darstellung natürlich auch gleich auf das blaue Zeichenpapier zeichnen.
Nun werden die Darstellung und der Rahmen des Transparentes ausgeschnitten. Dazu braucht man ein scharfes Messer (siehe Abb. 36).

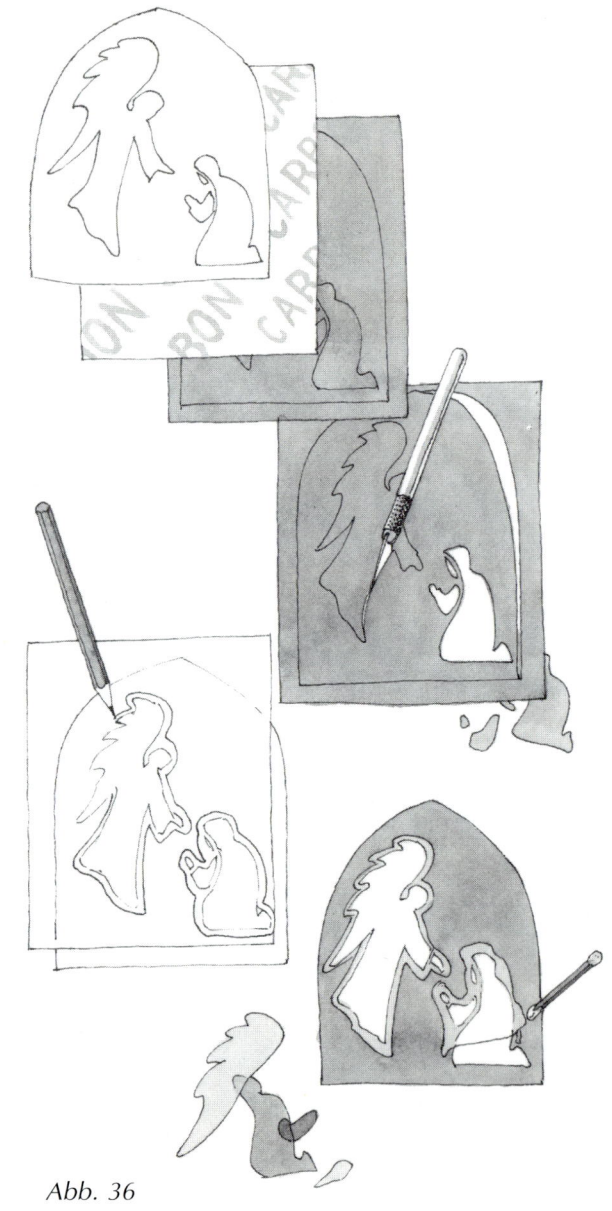

Abb. 36

sieht man durch das Seidenpapier hindurch. Mit dem Bleistift zeichnet man nun die Figuren oder Teile der Figuren, die diese Farbe bekommen sollen, auf dem Seidenpapier nach, und zwar immer so, daß sie etwas größer werden als die vorgegebene Zeichnung. Nun wird die Zeichnung ausgeschnitten und auf die Rückseite des blauen Zeichenpapiers gegen die Öffnung geklebt. Dabei sollte man so wenig Leim wie möglich verwenden. Eine gute Methode ist die, daß man den Leim, z.B. Tapetenkleister, mit Hilfe eines Streichholzes auf die Ränder der Zeichnung streicht.

Auf diese Weise wird eine Farbe nach der anderen hinter die Öffnung geklebt. Dadurch, daß zwei Farben übereinander geklebt werden, entstehen immer neue Farbtöne.

Mit zwei kleinen Stückchen doppelseitig klebenden Klebebandes wird das Transparent am Fenster befestigt.

Abb. 37

Nun wird Seidenpapier in der gewünschten Farbe auf die Zeichnung auf dem weißen Transparentpapier gelegt. Die Umrisse der Zeichnung

Abb. 38

Abb. 39

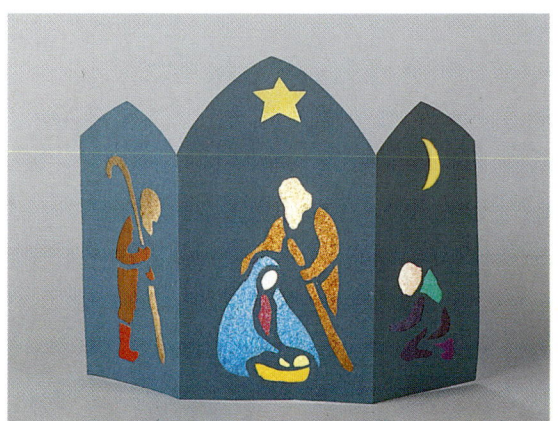

Variante 1: Bleiglas-Tryptichon
(Abb. 38 und 39):

Wie oben macht man ein einfaches Tryptichon. Die drei Farben der Hirten wurden hier aus zwei Seidenpapierfarben gemacht. Beim linken Hirten sind nur die Stiefel nicht mit braun abgedeckt, während diese, ebenso wie Hose und Arme, mit rot geklebt wurden. Die Kleider des rechten Hirten bestehen aus dem Grün der Mütze und dem Lila der Schuhe. Natürlich kann man auch anstelle von *einer* Lage in einer bestimmten Farbe zwei Lagen machen, wie dies beim Stab des Josef geschehen ist.

Wenn das Transparent fertig ist, werden die Seitenflügel leicht nach hinten gefaltet und ein Teelicht dahinter gestellt.

Variante 2: Fenstertryptichon:

Anstelle des Bleiglas-Effektes kann man ein großes «Fenster» in den Rahmen schneiden, das den größten Teil des Tryptichons einnimmt. Zuerst wird jetzt weißes Transparentpapier von hinten dagegengeklebt. Nun werden Weihnachtsmotive aus Seidenpapier ausgeschnitten oder ausgerissen und von hinten gegen das Transparentpapier geklebt.

Wenn man möchte, kann man die Darstellungen auch, bevor man sie ausschneidet, auf das Seidenpapier mit Bleistift vorzeichnen. Wenn man die Formen reißt und nicht schneidet, kann dies einen sehr lockeren Effekt ergeben. Durch die verschiedenen Lagen von Seidenpapier können wunderschöne Farbnuancen und eine gewisse Tiefenwirkung entstehen.

Strohsterne

Allgemeine Arbeitsweise und Vorbereitung:

Material:
naturfarbene Strohhalme
scharfes Messer
spitze Schere
Schüssel mit Wasser
Bügeleisen

Arbeitsweise:
Die Halme werden ungefähr eine Stunde in Wasser eingeweicht. Am oberen Ende schneidet man mit dem Messer die Halme ein Stück weit ein und bügelt sie dann weiter auf. Man kann die nassen Halme auch rund lassen und nur flach bügeln.

Aufgeschnittene und flachgebügelte Halme können sowohl als sehr breite als auch sehr schmale Streifen verarbeitet werden (mit Lineal und scharfem Messer schneiden). Strohsterne aus aufgeschnittenen Halmen haben den Nachteil, daß sie eine schöne und eine nicht so schöne Seite haben; sie eignen sich vor allem dann, wenn man sie vor einen blauen Hintergrund klebt. Strohsterne aus nicht aufgeschnittenen Halmen sind auf beiden Seiten gleich und deshalb für Mobiles, am Christbaum oder am Fenster gut zu gebrauchen.

Bei den Beispielen in diesem Buch wurde zum Aufhängen der Sterne immer Goldfaden verwendet; man kann jedoch auch gut Garn in anderen Farben, z.B. rot, nehmen.

Die Halme werden, von der Größe des Sternes abhängig, in zwei oder drei Teile geschnitten.

Abb. 40

37

Strohstern mit acht Spitzen

Strohstern mit 16 Spitzen

Vier gleich lange Strohhalme werden kreuzweise aufeinandergelegt. Nun legt man den Zeigefinger auf den Kreuzungspunkt der Halme, um sie festzuhalten, und flicht einen Faden um diese, indem man den Faden zuerst über das zuletzt aufgelegte Hälmchen führt, dann unter dem folgenden durch, über das nächste usw. (Abb. 41). Schließlich wird der Faden an der Rückseite des Sternes verknotet.

Man kann die Strohhalme auch kreuzweise auf einen kleinen Holzklotz legen und mit einer Stecknadel im Kreuzungspunkt feststecken. So hat man die Hände frei, um die Halme mit dem Faden aneinanderzubinden.

Nun werden die Spitzen in eine bestimmte Form geschnitten (siehe Beispiele auf Abb. 42).

Zwei Sterne mit acht Spitzen werden gemacht (siehe oben) und aufeinandergelegt. Die Sterne werden wie oben mit einem Faden aneinandergeflochten, und bei einem der beiden Sterne kann der Flechtfaden eventuell weggeschnitten werden. Auf Abb. 40 sieht man den Faden des einen der beiden Sterne wie auch den zweiten, äußeren Faden.

Geübtere Hände können den Stern mit 16 Spitzen in einem Arbeitsgang machen, so hat man die Flechtarbeit mit dem Faden nur einmal. Indem man Länge und Breite der Halme ändert, hat man viele Variationsmöglichkeiten.

Genauso können auch Sterne mit noch mehr Spitzen gemacht werden. Wenn man abwechselnd breite und schmale, flache und runde Halme verwendet, kann man die unterschiedlichsten Sterne machen (siehe Abb. 43).

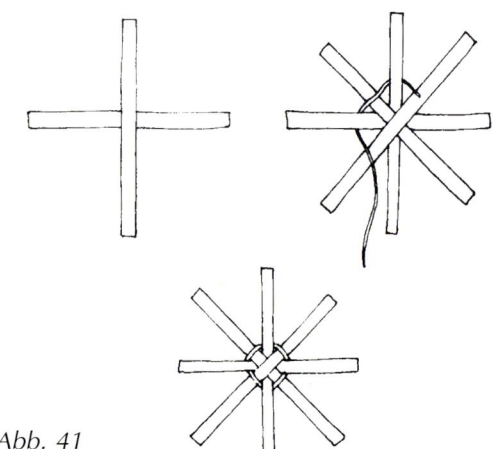

Abb. 41

Abb. 42

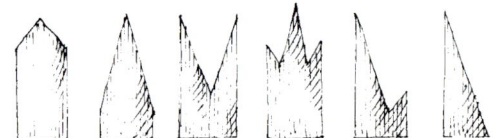

Abb. 43

Abb. 44

Großer Strohstern mit 16 Spitzen und acht Randsternen

(Abb. 45)

Für den Strohstern mit 16 Spitzen, der aus vier kurzen und vier langen flachen Halmen bestehen soll (Abb. 44), sucht man die breitesten Stücke aus. Für die acht kleinen Sterne, die außen sein sollen, nimmt man pro Stern drei Halme, die etwas schmaler sein dürfen; der vierte Halm ist bereits durch den langen Halm des großen Sternes gegeben, auf dem das kleine Sternchen befestigt wird. Dieser kombinierte Stern kann natürlich noch erweitert werden.

Abb. 45

Strohstern mit zwölf Spitzen

Zwei flache Halme werden in je drei gleiche Teile geschnitten, und diese sechs Stücke legt man, wie auf der Zeichnung zu sehen ist, aufeinander. So entsteht zunächst ein einfaches und dann ein doppeltes Andreaskreuz (siehe Abb. 46). Der letzte Halm wird horizontal gelegt; der erste und der letzte Halm bilden zusammen ein Kreuz, das die übrigen Halme einschließt.
Der Faden, mit dem der Stern umflochten wird, kommt von hinten, geht über den zuletzt aufgelegten Halm, unter dem nächsten hindurch usw. (siehe Abb. 43 links oben).

Abb. 46

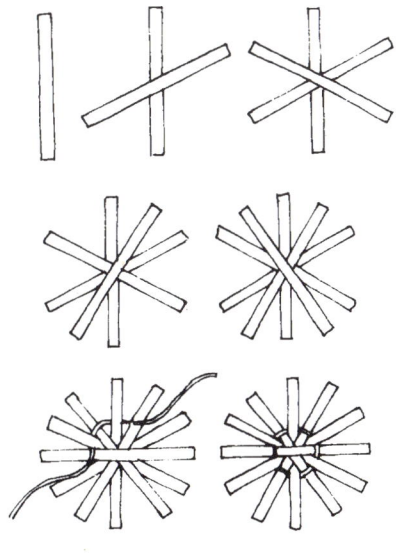

Strohstern mit 24 und mit 32 Spitzen

Für den Stern mit 24 Spitzen legt man zwei Basissterne mit 12 Spitzen aufeinander (siehe Abb. 43), flicht den Faden hindurch und bindet sie zusammen. Eventuell überflüssige Fäden werden abgeschnitten.

Variante:

Man verwendet hier drei breite und neun lange schmale Halme. Zuerst werden die drei breiten Halme aufeinandergelegt (Abb. 48), und dann legt man die schmalen Halme von hinten dagegen. Schließlich legt man vorne, in die Zwischenräume zwischen die schmalen und brei-

ten Halme, zwei Halme zusammen (siehe Abb. 47).

Der Stern mit 32 Spitzen wird genauso wie der mit 24 Spitzen gemacht, nur geht man hier vom Stern mit 16 Spitzen aus. Ein solcher Stern kann also aus vier Sternen mit acht Spitzen gemacht werden.

Abb. 47

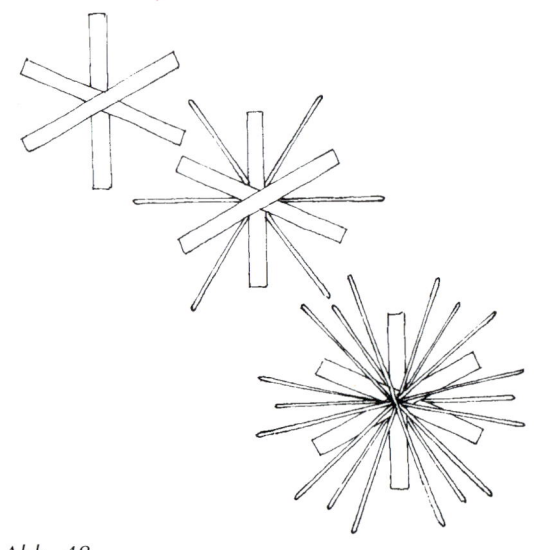

Abb. 48

42

Strohstern-Mobile (Abb. 50)

Dieses Mobile besteht aus einem großen Davidsstern, der zwölf Sterne mit je zwölf Spitzen hat.

Für den Davidsstern werden sechs nasse, ganze Halme verwendet. Drei Halme werden so aufeinandergelegt, daß ein gleichseitiges Dreieck entsteht, und die Enden werden mit Faden zusammengebunden. Von den drei anderen Halmen wird genausolch ein Dreieck gemacht. Die beiden Dreiecke werden so aufeinandergelegt, daß der sechseckige Davidsstern entsteht. An den Kreuzungspunkten werden die Halme zusammengebunden und das Mobile an vier Punkten aufgehängt (siehe Abb. 49).

Die Strohsterne mit den zwölf Spitzen macht man aus flachgebügelten, ganzen Halmen. Da sie etwas schwerer sind, hängen sie schön.

Anregung zur Verwendung: Dieses Mobile kann man in den zwölf heiligen Nächten, zwischen Weihnachten und Dreikönig, entstehen lassen. Man fängt dann mit dem Davidsstern an, und jeden Tag kommt ein Stern mit zwölf Spitzen dazu.

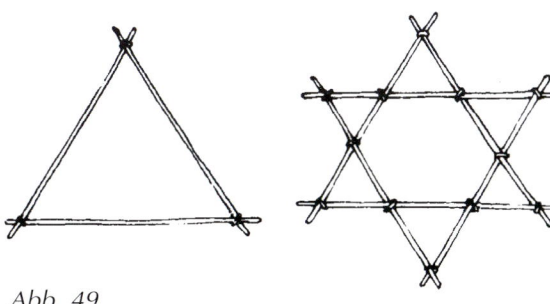

Abb. 49

Abb. 50

Großer Strohstern mit
64 Spitzen (Abb. 51)

Dieser Strohstern wird aus 32 (nicht flachgebügelten) Halmen gemacht. Hier müssen die Halme naß verarbeitet werden, damit sie elastischer sind und nicht so leicht brechen.

Man macht aus acht Halmen, die kreuzweise gelegt und mit Fäden befestigt werden, einen Stern. Ein zweiter Stern wird genauso gemacht. Die beiden Sterne werden so aufeinandergelegt, daß die Strahlen ineinandergreifen, und mit einem neuen Faden wird dieser Stern umflochten. Das Ergebnis ist ein Stern mit 32 Spitzen.

Nun macht man noch einen solchen Stern, legt die beiden Sterne aufeinander, umflicht sie wieder mit einem Faden und hat nun den Stern mit 64 Spitzen.

Wenn die Spitzen in Form geschnitten werden, sollten die Halme noch naß sein.

Abb. 51

Durchsichtige Faltsterne

Allgemeine Arbeitsweise

Material:

Drachenpapier oder Seidenpapier
durchsichtiger Hobbyleim, Tapetenkleister oder
Klebestift
beidseitig klebendes Klebeband
scharfes Messer

Transparente Sterne werden so hergestellt, daß man jede Sternspitze einzeln aus durchsichtigem Papier faltet, und die entstandenen Spitzen werden dann zum Stern zusammengefügt.

Man verwendet am besten Drachen- oder Seidenpapier.

Drachenpapier ist schön transparent und stabiler als das etwas milchig-durchsichtige Seidenpapier und somit leichter zu verarbeiten. *Seidenpapier* ist nicht so farbecht wie das Drachenpapier. Da man transparente Sterne meistens länger hängen läßt, können die Sterne aus Seidenpapier im Sonnenlicht ausbleichen.

Man muß bei der Wahl der Farben bedenken, daß das Muster im transparenten Stern dadurch entsteht, daß mehrere Papierlagen übereinander liegen. Deshalb wählt man für kompliziertere Sterne möglichst nicht so dunkle Farben. Günstig sind gelb, orange, hellgrün und rosa.

Man sollte diese Sterne nicht zu klein machen, denn das exakte Falten wird dann schwieriger. Die in diesem Buch aufgeführten Sterne haben einen Durchmesser von 20 cm.

Die Maße des verwendeten Papiers sind wichtig, denn damit werden die Muster bestimmt.

Auf den Abbildungen 62 und 63 sieht man Beispiele davon. Hier beträgt die Breite der Faltblätter 7,5 bzw. 4,5 cm.

Bei der Herstellung der Sternspitzen geht man von folgenden Maßen aus:

a) rechteckige Faltblätter (z.B. 10 x 7,5 cm): Hier ist die Länge des Papiers bestimmend für das Format des Sterns. Bei unserem Beispiel also 2 x 10 cm = 20 cm.

b) quadratische Faltblätter (z.B. 7,5 x 7,5 cm): Hier ist die Diagonale bestimmend für das Format des Sterns. Ein Papier von 7,5 x 7,5 cm hat eine Diagonale von 10 cm. Die Diagonale ist also ungefähr 1/3 länger als die Seiten des Quadrates.

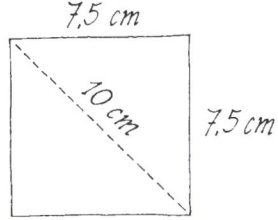

Zunächst sollte man berechnen, wieviele Faltblätter man aus einem Blatt Papier machen kann, so kann man zuviel Abfall vermeiden. Aus einem Blatt Drachenpapier von 75 x 102 cm kann man 100 rechteckige Faltblätter von 10 x 7,5 cm und 130 quadratische Faltblätter von 7,5 x 7,5 cm ausschneiden.

Man muß darauf achten, daß alle Faltblätter exakt gleich groß sind; dazu wird das große Blatt zunächst genau halbiert (scharf falten) und mit einem scharfen Messer im Falz geschnitten. Diese beiden Blätter werden wieder halbiert usw., bis das gewünschte Format erreicht ist.

Sehr praktisch ist hier eine Papier-Schneidema-
schine. Will man andere Formate haben –
schmaler, breiter oder länger –, trennt man am
besten einen Streifen vom großen Blatt ab, um
das gewünschte Maß zu bekommen. Man sollte
die Blätter sehr genau falten, denn jede Abwei-
chung macht sich beim Endresultat bemerkbar.
Die Falze müssen scharf gezogen sein. Wenn
dieselbe Spitze zweimal gefaltet werden soll
wie auf Abb. 61, ist es ratsam, den ersten Falz
nicht über die Mittellinie gehen zu lassen, sondern 1 mm frei zu lassen. Beim nächsten Falz
müssen die beiden Seiten allerdings genau an-
einander anschließen.

Alle gefalteten Teile werden geklebt. Man
nimmt hierfür durchsichtigen Hobbyleim, Tapetenkleister oder Klebestift. Leim, der nicht transparent ist, sieht man, wenn der Stern aufgehängt
wird. Man sollte nicht zuviel Leim verwenden.
Schließlich werden die Sterne mit einem Stückchen beidseitig klebendem Klebeband am Fenster angebracht. Man sollte nur sehr wenig Klebeband verwenden und den Stern an den Punkten befestigen, an denen er am wenigsten transparent ist, an den Spitzen. Hat man zu große
Klebebandstücke verwendet, kann der Stern
u.U. nur mit Mühe unbeschädigt wieder vom
Fenster gelöst werden.

Sterne aus quadratischen Falt-
blättern

Einfacher achteckiger Stern

(Abb. 52)

Material:
8 quadratische Faltblätter von beispielsweise
7,5 x 7,5 cm

Arbeitsweise:
Bei Sternen aus quadratischen Faltblättern ist
die Diagonale der zentrale Falz. Mit folgenden
Schritten geht man zu Werke:
1. Die Blätter werden einmal diagonal zusam-
mengefaltet, so daß die Spitzen B und C aufeinander kommen, dann faltet man das Blatt wieder auseinander (Abb. 53 a).

Abb. 52

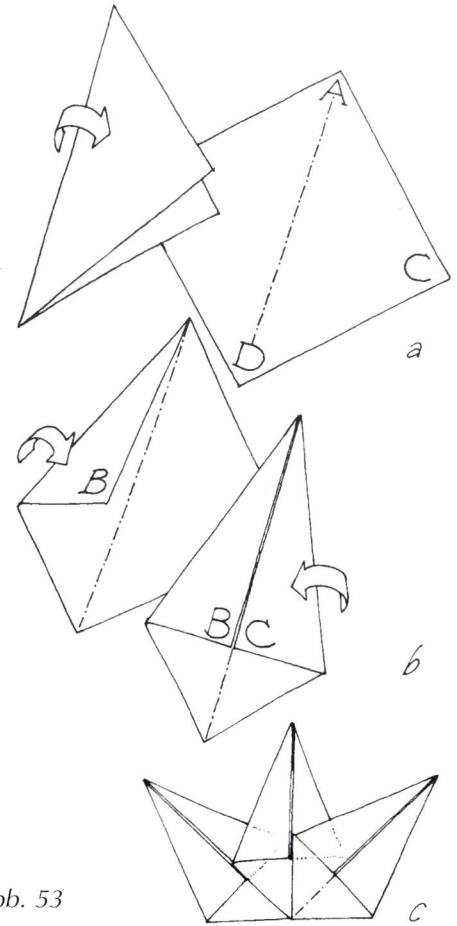

a

b

Abb. 53

c

gefaltete untere Seite der ersten Sternspitze wird an die Diagonallinie der nächsten Spitze geklebt (Abb. 53 c) und so fort, bis alle Spitzen aneinandergeklebt sind. Das Ergebnis sieht man auf Abb. 52.

Variante 1: Zehneckiger Stern (Abb. 54)
Bei dem zehneckigen Stern müssen die Spitzen noch weiter übereinander gefaltet werden, als auf Abb. 53 c vorgezeichnet ist. Wie man auf Abb. 54 sieht, entsteht dadurch im Herzen des Sternes ein Strahlenmotiv.

Abb. 54

2. Nun werden die Spitzen B und C gegen die diagonale Linie gefaltet (Abb. 53 b) und mit Leim festgeklebt.
3. Wenn alle acht Blätter gefaltet sind, wird der Stern vorsichtig zusammengeklebt: Die nicht

Variante 2: Achteckiger Stern (Abb. 55)

Der oben beschriebene achteckige Stern läßt sich sehr einfach falten. Durch eine einzige Änderung kann sich das ganze Muster des Sternes verändern.

Man macht beispielsweise nach dem 2. Schritt einen extra Falz: Dazu werden die beiden Ecken mit den Spitzen B und C wieder aufgeklappt und nochmals gefaltet; dann werden sie nach innen gefaltet und festgeklebt (Abb. 56). Danach wird der Stern wie oben gemäß Schritt 3 zusammengeklebt. Ergebnis siehe Abb. 55.

Variante 3 und 4: Fünf- und zehneckiger Stern (Abb. 57/58)

Eine interessante Veränderung des Sternmusters von Abb. 55 bekommt man dadurch, daß man nicht acht, sondern fünf gefaltete Spitzen ver-

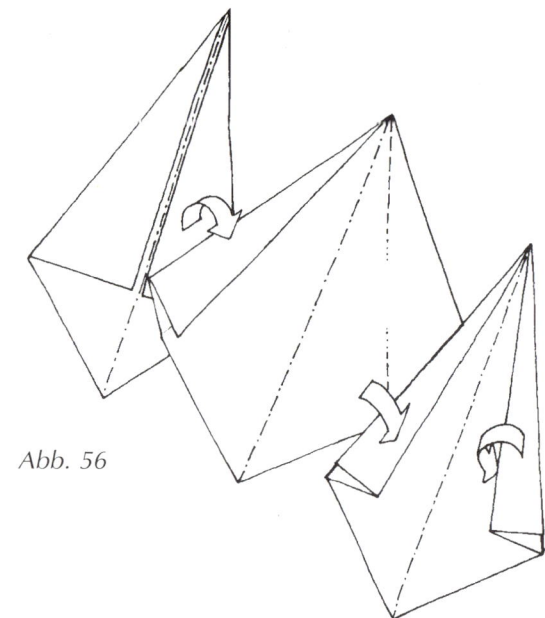

Abb. 56

Abb. 55

Abb. 57

48

wendet. Auf Abb. 57 sieht man, daß die einzelnen Spitzen des Sternes sich nicht mehr zur Hälfte überlappen, wie das auf Abb. 53 angegeben wurde, sondern nur ein Bruchteil davon übereinander gehen (bei unserem Beispiel ist der Stern 20 cm groß, und die Spitzen überlappen 10 - 12 mm). Dadurch entsteht in der Mitte ein Strahlenmotiv.

Verdoppelt man die Zahl der Spitzen für den zehneckigen Stern, entsteht ein wunderschönes Motiv (Abb. 58).

Es gibt zwei Möglichkeiten, wenn man aus einem fünfeckigen einen zehneckigen Stern machen will (oder aus einem viereckigen einen achteckigen und schließlich einen sechzehneckigen Stern).

Die einfachste Methode besteht darin, daß man zwei fünfeckige Sterne aufeinanderklebt. Die

exaktere Methode ist die, daß man zunächst einen fünfeckigen Stern macht und dann die übrigen fünf Spitzen eine nach der anderen zwischen die Spitzen des fertigen Sternes klebt.

Variante 5: Elfeckiger Stern (Abb. 60)

Ein ganz besonderes Muster entsteht, wenn man nach den ersten beiden Faltschritten die Spitzen noch weiter faltet.

Die losen Spitzen des Sternes haben eine Außenseite und eine Unterseite, die ins Zentrum des Sternes kommen. Dabei ist die Außenseite in der Mitte offen und deshalb heller, während die Unterseite noch geschlossen ist (siehe Abb. 55). Nun wird die Unterseite wieder aufgefaltet, die beiden Seitenteile noch einmal in der Mitte längs und dann nach innen gefaltet (Abb. 59). Dieser Falz wird festgeklebt.

Wenn man nun elf anstelle von zehn Spitzen faltet und ineinanderklebt, entsteht der Stern von Abb. 60. Hier sieht man deutlich, wie weit die einzelnen Spitzen übereinander geklebt werden müssen.

Abb. 58

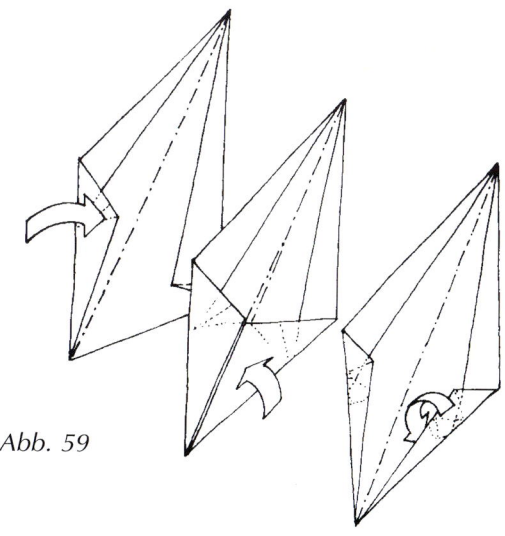

Abb. 59

49

Abb. 60

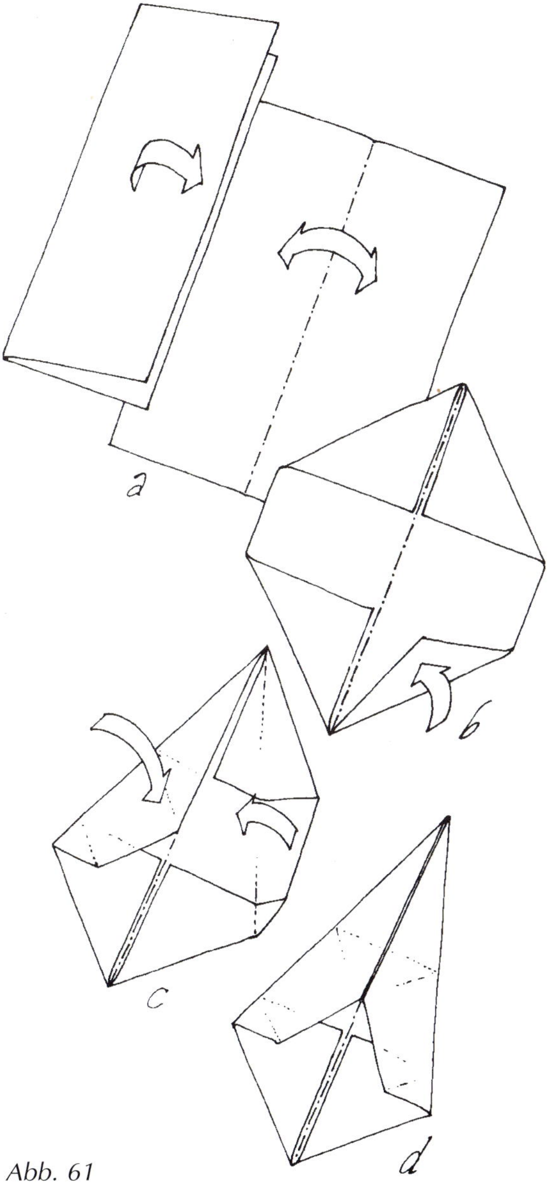

Abb. 61

Sterne aus rechteckigen Faltblättern

Einfacher achteckiger Stern

(Abb. 62)

Bei Sternen aus rechteckigen Faltblättern ist der zentrale Falz die lange Mittelnaht. Folgendermaßen wird gearbeitet:

1. Die Blätter werden längs zusammen- und wieder auseinandergefaltet (Abb. 61 a).
2. Die vier Ecken werden zur Mittellinie gefaltet, so daß oben und unten eine Spitze entsteht (Abb. 61 b). Es ist ratsam, die Ecken mit etwas Leim anzukleben.

Abb. 62

51

3. Von der oberen Spitze faltet man die entstandenen zwei Seiten nochmals zur Mittellinie (Abb. 61 c). Die so entstandene schmale Spitze bildet nachher eine der Sternspitzen, wogegen die untere, breitere Spitze im Zentrum des Sternes liegt.

4. Wenn man alle acht Spitzen gefaltet hat, klebt man den Stern sorgfältig zusammen, wie unter Punkt 3 auf Abb. 53 c angegeben wurde.

Variante 1: Achteckiger Stern (Abb. 63)
Für den achteckigen Stern von Abb. 62 wurde Papier von 10 x 7,5 cm verwendet. Nimmt man schmalere Papiere von beispielsweise 10 c 4,5 cm, so entsteht bei gleicher Faltmethode der Stern von Abb. 63.

Abb. 63

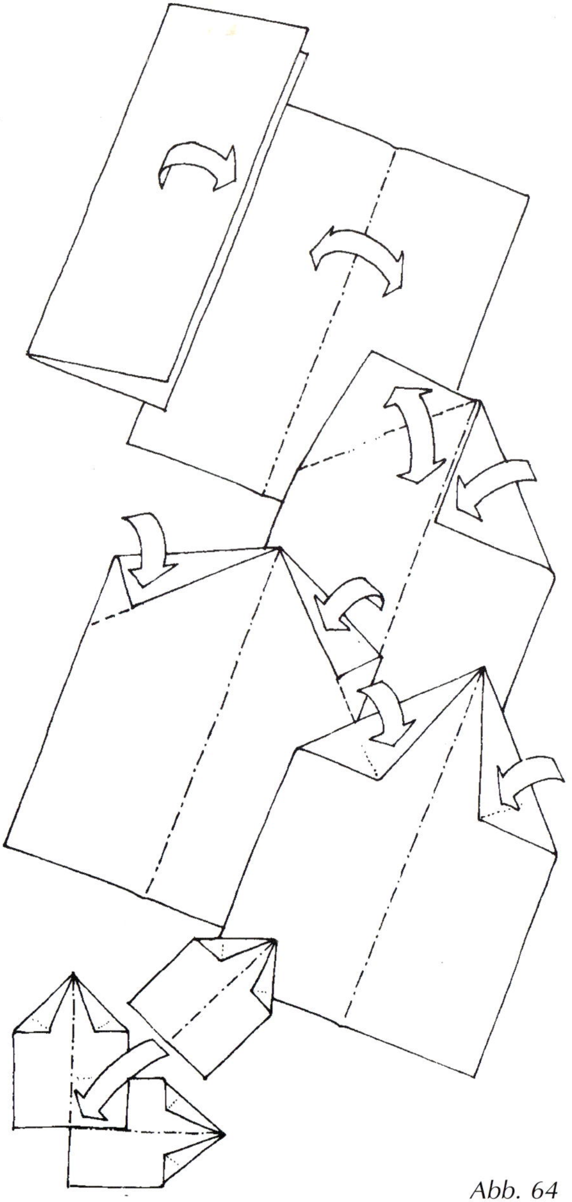

Abb. 64

Variante 2: Achteckiger Stern (Abb. 65)
Wie bei Punkt 1 faltet man eine Mittellinie, aber
nun faltet man nur zwei Ecken zur Mittellinie,
faltet sie wieder auf, um sie zu halbieren (Abb.
64). Da die ungefalteten Teile ins Zentrum des
Sternes kommen, muß man zunächst die vier
Faltblätter zu einem Stern mit vier Spitzen zusammenkleben. Danach werden die übrigen
Spitzen zwischen die vier ersten geklebt (Abb.
64 und 65).

Variante 3: Achteckiger Stern (Abb. 67)
Das Papier wird wie unter Punkt 1 und 2 verarbeitet. Die beiden Seiten der unteren Spitze (die
sich nachher im Zentrum des Sternes befindet)
werden wieder aufgefaltet, die beiden Spitzen

Abb. 65

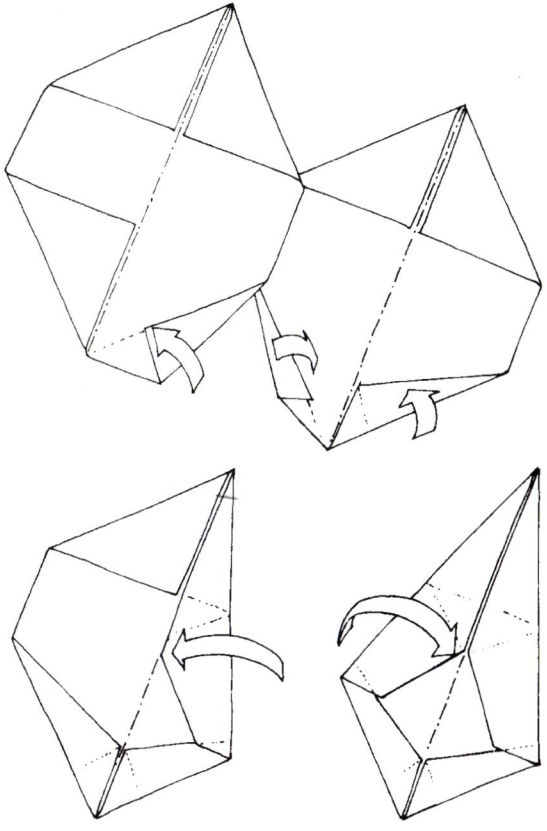

Abb. 66

noch einmal halbiert und dann nach innen gefaltet. Es ist eine neue Form entstanden (Abb.
66).
Danach wird wie unter Punkt 3 und 4 von Seite
52 weitergearbeitet. Das Ergebnis ist auf Abb. 67
zu sehen.

Abb. 67

Abb. 68

Variante 4: Achteckiger Stern (Abb. 68)
Es wird gearbeitet wie unter Punkt 1 und 2.
Dann werden die unteren Spitzen, die nachher
im Zentrum des Sternes sind, wieder aufgefaltet,
so daß wieder ein Viereck entsteht. Indem man
nun sehr sorgfältig diese beiden Vierecke zweimal diagonal faltet, bekommt man jeweils den
Mittelpunkt (Abb. 69). Nun wird die Spitze zum
eben gewonnenen Mittelpunkt gefaltet und beide Ränder um diesen Mittelpunkt zur Mitte des
Ganzen gefaltet. Es folgen Punkt 3 und 4. Das
Ergebnis ist auf Abb. 68 zu sehen.

Abb. 69

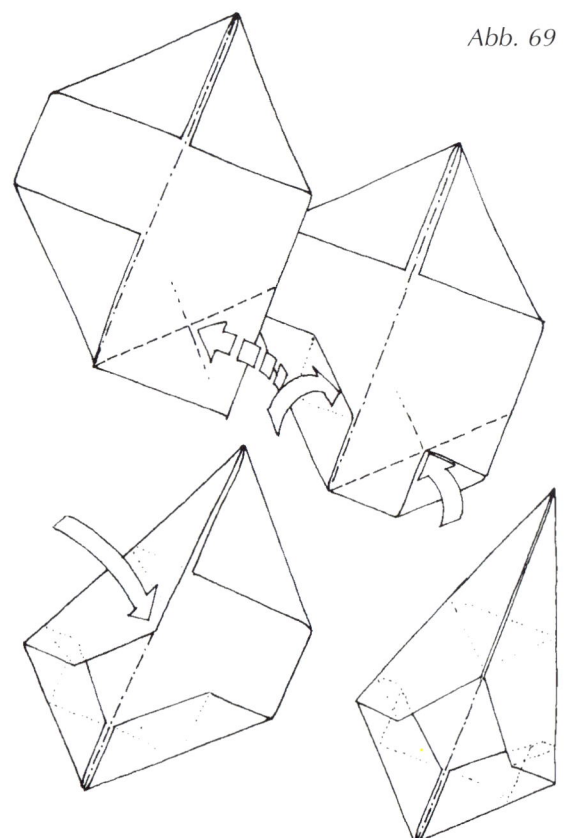

16-eckiger Stern (Abb. 70)

Die 16 Spitzen für diesen Stern werden wie bei Punkt 1 bis einschließlich Punkt 3 von Abb. 61 auf Seite 51 gemacht.

Bevor zusammengeklebt wird, wird folgendes gemacht: Zuerst werden zwei Spitzen aufeinandergeklebt (siehe Abb. 53 c), und danach klebt man die dritte Spitze zwischen die beiden ersten. Danach wird die vierte Spitze auf die dritte, die fünfte auf die zweite geklebt usw.

Da bei diesem Stern viele Papierlagen übereinander gefaltet und geklebt werden, ist es wichtig, kein zu dunkles Papier zu verwenden.

Spitzer, achteckiger Stern (Abb. 71)

Für diesen achteckigen Stern mit spitzen Ecken macht man dieselben Schritte wie beim einfachen achteckigen Stern von Seite 51. Allerdings verändert sich das Sternmotiv deutlich, weil die Faltblätter schmaler sind. Für den Stern von Abb. 71 nimmt man Papier, welches halb so breit ist wie das oben verwendete, also 3,7 x 10 cm. Nach den Punkten 1, 2 und 3 von Seite 51 und 52 wird der letzte Falz wie auf Abb. 72 a gemacht, wobei die Seiten der oberen Spitze nochmals zur Mittellinie gefaltet werden. Will man diesen Stern mit der sehr schmalen Spitze falten, d.h. die Faltblätter werden schmaler, tut man gut daran, ein größeres Maß zu nehmen, denn sonst wird die Arbeit zu knifflig.

Abb. 70
Abb. 71

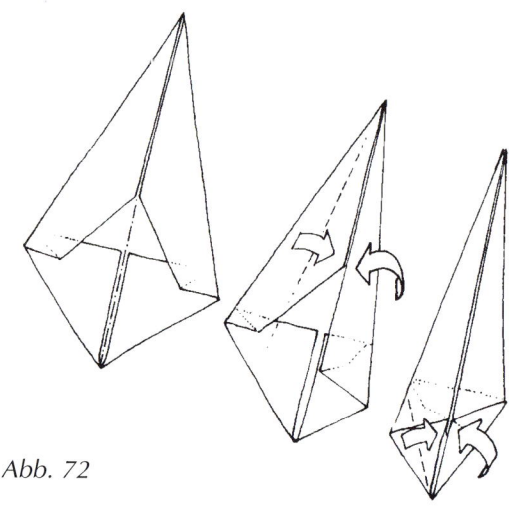

Abb. 72

Varianten 1 und 2: Spitze 16-eckige Sterne
(Abb. 73/74)

Für die Sterne von Abb. 73 und 74 gilt dasselbe wie für den 16-eckigen Stern. Man sieht hier auch die Ähnlichkeit mit dem breiten 16-eckigen Stern von Abb. 70, obwohl bei spitzen Enden das Strahlenmotiv deutlicher wird.
Der Stern von Abb. 73 wurde genauso gefaltet wie der achteckige Stern.
Für den Stern von Abb. 74 muß noch ein extra Falz gemacht werden (siehe Abb. 72 b). Danach macht man weiter wie unter Punkt 3 und klebt den Stern, wie dies für den 16-eckigen Stern beschrieben wurde, zusammen (Seite 55).

Abb. 73

Abb. 74

Achteckiger Stern aus quadratischen Faltblättern (Abb.75)

Für diesen Stern nimmt man acht quadratische Papiere von 10 x 10 cm. Und so wird es gemacht:

1. Die Papiere werden einmal in der Mitte gefaltet und wieder aufgefaltet.
2. Nun werden alle Ecken nach innen gefaltet (Abb. 76), es entsteht ein Quadrat mit den Ecken ABCD; danach faltet man die Ecken wieder auf.
3. Die entstandenen Dreiecke werden halbiert und wieder nach innen gefaltet; es entsteht wieder das Quadrat ABCD, in dessen Mitte eine Raute erscheint.

Abb. 75

4. Nun werden die Ecken B und C zur Mittellinie gefaltet, womit die Sternspitzen fertig sind.
5. Wie auf Abb. 53 c angegeben, wird der achteckige Stern zusammengeklebt.

Abb. 76

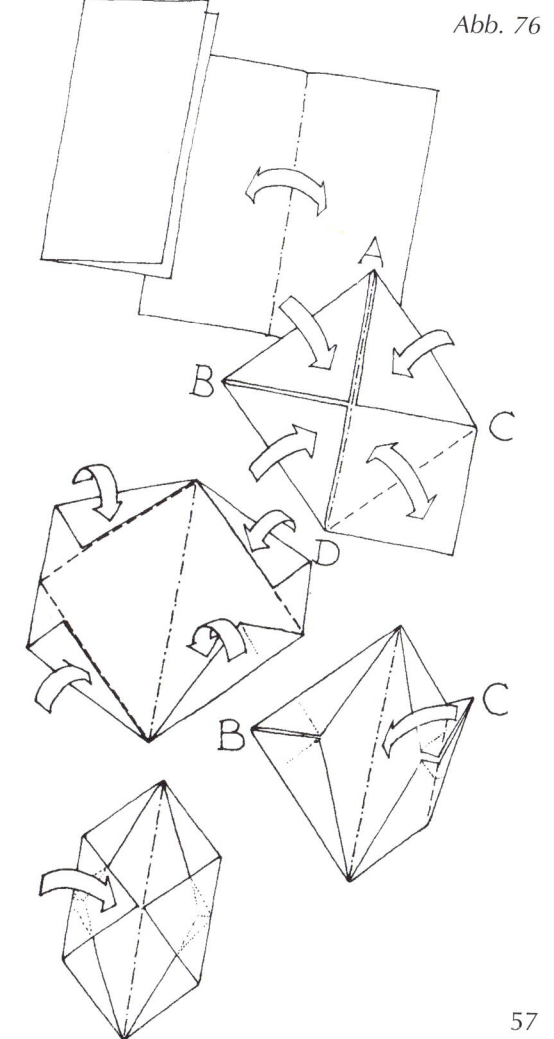

Kleine Weihnachtskrippen

Kleiner Stall aus Ton (Abb. 77)

Aus Ton kann sehr einfach eine kleine Krippe plastiziert werden (Abb. 77), die man nach Belieben ausgestalten kann. Auch Kinder können solche Krippen ganz selbständig machen.

Bei dieser einfachen Krippe kommt es sehr auf die «Landschaft» an, in die man sie stellt: Die Umgebung muß stimmungsvoll sein. Man unterlegt eine solche Landschaft mit dunkelbraunem oder grünem Stoff, legt Steine, Moos und/oder Tannenzapfen darauf. Dazu kommen kleine Bäumchen, die man aus einem Klümpchen

Abb. 77

Ton macht, in welches ein kleiner Tannenzweig gesteckt wird.

Man kann die Kinder während der Adventszeit jeden Tag einen neuen Gegenstand plastizieren lassen.

Am ersten Adventssonntag kann beispielsweise die leere Krippe gemacht werden, am zweiten Bäume und Sträucher der Umgebung, am dritten die Schafe, und am vierten Adventssonntag kommen dann die Menschen an die Reihe, so daß am Heiligen Abend Josef, Maria, das Kind und die Hirten, eventuell auch der Engel, da sind. Die Figuren sollten aus einem Stück gemacht werden, denn angeklebte Teile, wie Arme und Beine, können, wenn der Ton getrocknet ist, abfallen. Das Ganze kann, wenn es trocken ist, mit Wasserfarben bemalt werden.

Kleiner Stall mit Hirten

Material:
weiße und braune ungesponnene Schafwolle
rosafarbener Puppen-Trikotstoff
bunte Stoff- und Filzreste
Pelzreste
ungesponnene Shetlandwolle und Kamelhaar

Arbeitsweise:
Maria, Josef, Kind und Hirten:
Für jede Figur macht man aus der weißen Schafwolle eine feste Rolle von 8 - 9 cm Länge. Am einen Ende wird ein kleines, rundes Köpfchen geformt, ein Stück Puppentrikot darübergelegt und mit festem Faden abgebunden; damit ist der Kopf fertig.

Aus festerem wollenen Stoff oder Filz wird ein nicht zu weites Gewand gemacht, mit dem der

Rest der weißen Rolle überzogen wird, so daß die Figur stehen kann (Abb. 78). Am Hals wird der Stoff angekraust.

Maria bekommt ein Kleid aus rotem Filz und darüber einen Mantel aus einem rechteckigen Stückchen blauen Stoff oder Filz. Der Mantel wird über den Kopf gelegt und mit einigen Stichen befestigt. Die Hände werden aus gezupfter Schafwolle gemacht, mit Trikot überzogen und zwischen eine Falte des Mantels genäht. Mit einem feinen Farbstift werden Augen und Mund angedeutet.

Josef und die Hirten bekommen einen Umhang aus Stoff oder Pelz. Dieser wird im Nacken und vorne in der Mitte mit einigen Stichen befestigt. Man kann auch ein Stöckchen zwischen die Mantelfalten schieben. Die Haare werden aus gezupfter brauner Schafwolle gemacht und mit dem Hut zusammen auf dem Kopf befestigt.

Der Hut besteht aus einem runden Filzstückchen. Durch einen Heftfaden, den man anzieht, wölbt sich die Mitte des Hutes. Mit einigen feinen Stichen wird der Hut am Kopf befestigt (siehe Abb. 78).

Das Kind wird genau wie die anderen Püppchen, nur kleiner, gemacht. Wenn das Köpfchen fertig ist, wickelt man den Körper in ein Stück Stoff, Flanell oder Filz von heller Farbe. Mit einigen feinen Stichen wird das Ganze befestigt.

Die *Schafe* werden aus einem rechteckigen Stück Pelz oder Schaffell gemacht. Von der Schmalseite aus wird es fest eingerollt und unten, eventuell auch an den Enden, mit einer Ledernadel zugenäht. Etwa ein Drittel wird für den Kopf fest abgebunden. Nun wird das Schaf in Form geschnitten. Die Ohren werden aus weichem Leder oder Filz gemacht und angenäht (siehe Abb. 79).

Abb. 78

Die *Krippe* kann man aus Rindenstücken und Zweigen, die zusammengehämmert oder geklebt weden, machen; für das Dach nimmt man einzelne größere Rindenstücke. Beim Verkleiden der Krippe mit Stroh, Moos, Pflanzen, Steinen usw. kann man seiner Phantasie freien Lauf lassen.

Einzelnes Schaf (Abb. 80)

Material:
4 Pfeifenputzer
weiße, ungesponnene Wolle
Sticknadel ohne Spitze
Häkelnadel Nr. 3
alte Schere oder Zange
Hobbyleim

Arbeitsweise:
Für den Kopf des Schafes biegt man das Ende eines Pfeifenputzers um zwei Finger (siehe Abb. 79), für den Hals macht man einen kleinen Knick.
Für Vorder- und Hinterbeine biegt man einen Pfeifenputzer um den Leib herum. Die Beine werden erst abgeschnitten, wenn das Schaf ganz fertig ist. Der vierte Peifenputzer wird verwendet, um dem Gerüst mehr Festigkeit zu geben und den Schwanz zu verlängern. Das bereits vorhandene Schwänzchen des ersten Pfeifenputzers wird nach vorne um den Leib herumgewickelt.
Nun zupft man sich ein Stück Wolle zurecht und fängt beim Bauch an, das Schaf zu umwickeln. Man sollte das Büschel immer wieder kurz loslassen, damit die Wolle sich nicht verdreht. So wird das Schaf gleichmäßig vom Bauch zum

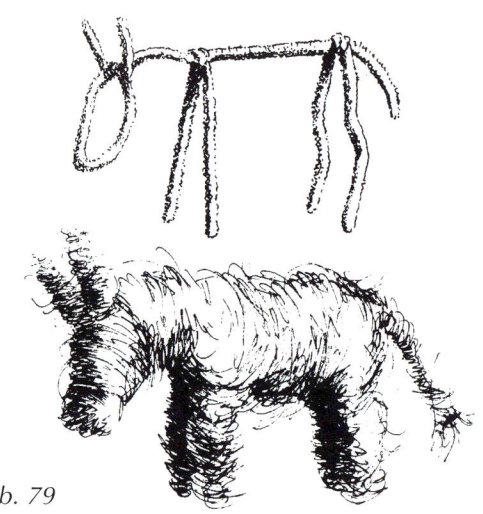

Abb. 79

Ochs und Esel: Ein kleiner Strang gekämmter, ungesponnener Shetlandwolle wird an den Enden nach innen gestülpt; daraus wird mit einigen lockeren Stichen mit dünnem Faden ein liegender Esel geformt. Die Ohren entstehen dadurch, daß man die Wolle vorsichtig auszupft.
Für den Ochsen eignet sich hellbraune, gekämmte Schafwolle (Kammband) besonders gut.

Kopf und zurück zum Hinterleib umwickelt, bis
es dick genug ist. Das Ende beim Maul wird
noch ausgespart, hier rutscht die Wolle leicht
ab.
Schultern und Beine werden folgendermaßen
umwickelt: Ein Ende des Wollbüschels hält man
da fest, wo die linke Schulter sein wird, die
Wolle wird nun hinter dem linken Bein durch
über die Brust schräg nach oben, über den Nak-
ken, kreuzweise über die Brust zum rechten
Vorderbein, dahinter herum usw. geführt. Man
hat auf diese Art eine Bewegung in Form einer
Acht ausgeführt. Die Wolle sollte nicht zu fest
gewickelt werden und auf dem Rücken schön
flach anliegen. Der Hinterleib wird genauso
gemacht. Der Kopf darf nicht zu dick werden.
Das Maul: Man fädelt ein kleines Büschel Wolle

Abb. 80

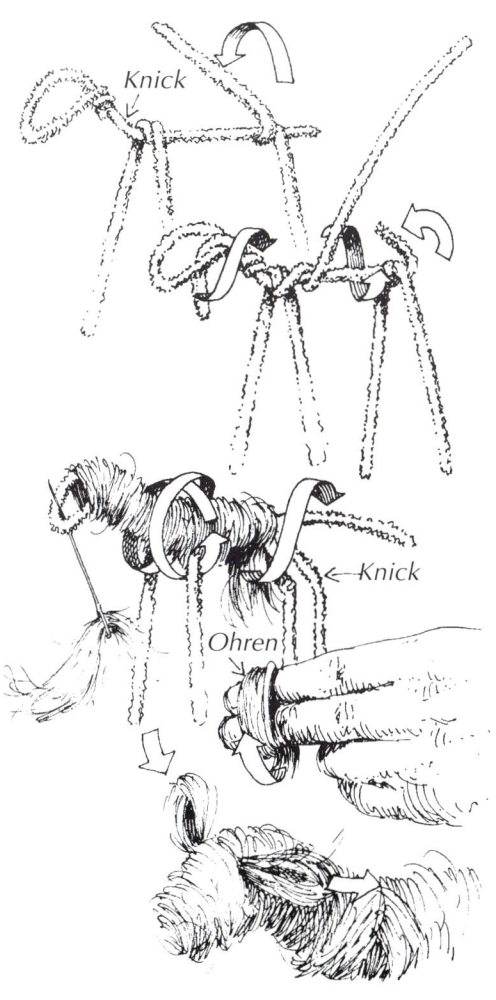

Abb. 81

in die Sticknadel und macht das Maul. Alles wird mit Wolle umkleidet (Abb. 81).

Der Schwanz: Man schiebt die Wolle vom Hinterleib nach vorne, so daß der Pfeifenputzer für den Schwanz ganz freiliegt. Er wird etwas weiter als bis zur Hälfte mit einem Büschel Wolle umwickelt. Nun wird der Pfeifenputzer in der Mitte zurückgebogen, die Schwanzspitze ist mit Wolle bedeckt. Die Länge des Schwanzes beträgt 2,5 cm. Nun wird der zurückgebogene Schwanz mit einem neuen Büschel Wolle fertig umwickelt und in Form gebogen.

Die Beine: Die Wolle am Leib wird etwas zurückgeschoben und die Beine bis zur Hälfte mit einem schönen dünnen Wollbüschel umwickelt. Auf die untere Hälfte der Beine streicht man etwas Leim und wickelt die Wolle bis unten. Man läßt den Leim gut trocknen und schneidet schließlich die Beine auf die richtige Länge zu.

Die Ohren: Ein Wollbüschel, nicht zu viel und nicht zu wenig, wird fest um zwei Finger gewickelt, dann nimmt man die Wolle von den Fingern. Nun sticht man mit der Häkelnadel vorsichtig an der Stelle, wo die Ohren sein sollen, durch den Kopf, während man an der anderen Seite gleichzeitig mit den Fingern den Kopf dagegendrückt. Nun wird die Wolle mit Hilfe der Häkelnadel durch den Kopf gezogen. Mit Daumen und Zeigefinger werden die Ohren geformt. Man kann sie eventuell mit einem kleinen Stich befestigen.

Ochs und Esel können auf dieselbe Art gemacht werden.

Transparente mit Kulissen

Material:
Goldpappe
feste, aber dünne weiße Pappe
Seidenpapier in verschiedenen Farben
Schere oder Messer
Leim
2 Blatt blaues Papier

Arbeitsweise:
Ein Transparent, welches sich aus verschiedenen Kulissen aufbaut, die mit Zwischenräumen hintereinander stehen, vermittelt einen schönen Durckblick und gibt dem Ganzen eine räumlich tiefere Perspektive. Hier ist das Besondere, daß man die Kerzen sowohl hinter als auch vor das Transparent stellen kann.

Die Abbildungen 82, 84 und 86 zeigen drei verschiedene Transparente mit Kulissen. Die Transparente auf den Abbildungen 82 und 84 werden auf gleiche Art hergestellt, wobei dasjenige von Abb. 82 vor der vordersten Kulisse einen goldenen Rahmen hat, dann kommt eine schmale Zwischenkulisse, die die Erde darstellt, und schließlich kommt noch die rückwärtige Kulisse.

Das Transparent von Abb. 84 hat drei Zwischenkulissen, wovon die vorderste die Erde darstellt. Die kleine Krippe von Abb. 86 beruht auf demselben Prinzip, jedoch werden die Zwischenkulissen etwas anders befestigt.

Die Anzahl der Kulissen wird durch die gewünschte Darstellung bestimmt. Die Tatsache, daß beim Transparent von Abb. 84 auf der linken Seite zwei Hirten und Maria dargestellt werden, heißt, daß man drei Zwischenkulissen braucht. Dies muß bei der Planung bedacht werden. Viele Zwischenkulissen zu machen ist technisch kein Problem, jedoch wird ein solches Transparent nicht unbedingt schöner als ein einfaches.

Anhand der Beschreibung des Transparentes von Abb. 84 wird das Prinzip deutlich, und andere, vor allem einfachere Transparente können leicht selber entworfen und gemacht werden.

Man beginnt damit, daß der Gesamtentwurf mit allen Gegenständen und Figuren, die ihren Platz zwischen den Kulissen haben sollen, skizziert wird. Diese Skizze sollte dieselben Maße wie das geplante Transparent haben. Ein günstiges Maß ist eine Höhe von 20 cm auf eine Breite von 25 cm.

Abb. 82

Nun überlegt man, in wievielen Kulissen man den Entwurf gestalten will. Am besten numeriert man die Kulissen und beginnt damit bei der vordersten. Zum Transparent von Abb. 84 gehören fünf Kulissen. Wer sich beim Anfertigen von Kulissen-Transparenten noch etwas schwer tut, zeichnet am besten zunächst jede einzelne Kulisse mit den dazugehörigen Personen und Tieren.

Nun wird der Umriß des Transparentes und damit aller Kulissen festgelegt. Der Rahmen der vordersten Kulisse (Kulisse 1) wird aus Goldpappe ausgeschnitten; sie wird etwas größer zugeschnitten als die folgenden, die dann hinter der ersten verschwinden. Nun schneidet man die übrigen Kulissen aus dicker weißer Pappe aus. Mit einem spitzen Bleistift zeichnet man auf jeder Kulisse die Form an und schneidet sie aus. Je weiter man mit den Kulissen in den Hintergrund gelangt, desto höher muß der untere Rand sein; dadurch wirkt das Ganze perspektivisch. Man muß bedenken, daß in den Kulissen noch keinerlei Bäume, Menschen oder Tiere sind. Man schneidet aus, was nachher offen sein soll. Aus der dünnen weißen Pappe schneidet man nun Menschen, Tiere und, für dieses Transparent, die kleine Krippe aus. Alle Figuren müssen eher schmal ausgeschnitten werden, denn sie sollen mit Seidenpapier bekleidet werden. Dies gilt natürlich nur für die Vorderseite. Man faltet und klebt die Kleider so auf die Figuren, daß sie überall über die Ränder hinausgehen. In dem Maße, wie das Seidenpapier nicht zu glatt, sondern etwas gefaltet und locker aufgeklebt wird, wirkt das Transparent lebendiger (siehe als Beispiel Josef und Maria auf Abb. 82).

Man fängt mit Gesicht und Händen an, dann kommen die Kleider an die Reihe. Der Stab des

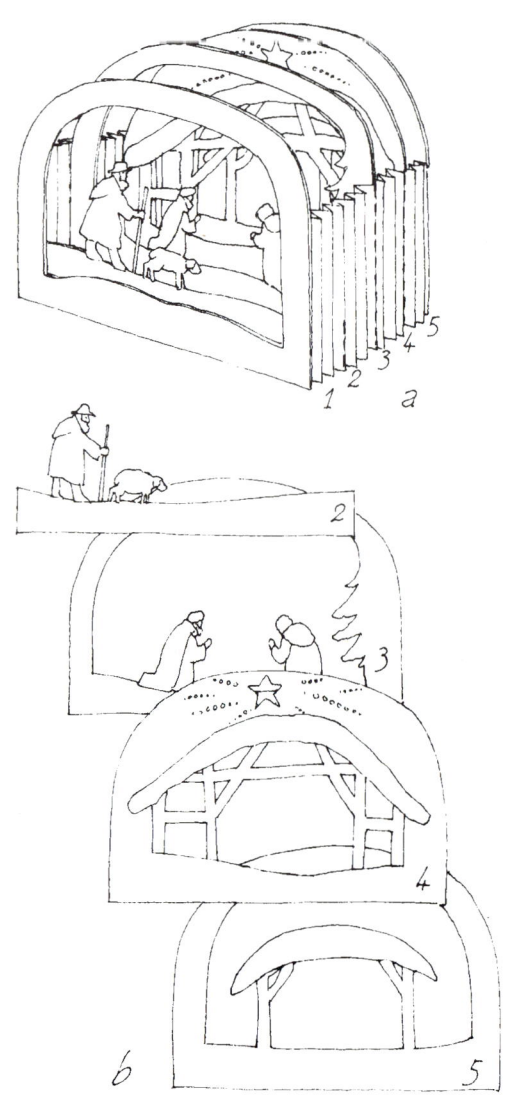

Abb. 83

vordersten Hirten wird erst festgeklebt, wenn er angekleidet ist. Auch das Jesuskind wird zuerst einzeln ausgeschnitten, bevor es in die Krippe gelegt wird (Abb. 85 a).

Bei Ochs und Esel werden nur die Teile gezeichnet, die nachher sichtbar sind. Die Tiere sollten etwas größer sein, denn sie werden in den Stall geklebt. Das Lämmchen im Vordergrund wurde mit kleinen Kügelchen aus weißem Seidenpapier beklebt.

Nun sind Menschen und Tiere bekleidet, die Kulissen jedoch sind noch kahl.

Kulisse 2 wird mit Moos und Gras ausgestattet, beim Bekleben mit Seidenpapier darf nicht vergessen werden, daß dieses immer etwas über den oberen Rand hinausgehen muß.

Dasselbe gilt für die zweite Zwischenkulisse (Kulisse 3), hier kann an jeder Seite ein Baum mit grünem Seidenpapier geklebt werden.

Die dritte Zwischenkulisse (Kulisse 4) läßt sich nicht so leicht machen. Man beginnt damit, daß man den Himmel um den Stall herum mit blauem Seidenpapier beklebt. Erst wenn der Leim getrocknet ist, wird der Stern mit den Strahlen aus dem blauen Seidenpapier herausgeschnitten. Gegen die Rückseite der Kulisse klebt man gelbes Seidenpapier, und so entsteht der Sternhimmel. Danach werden die Balken des Stalles mit dunkelgelbem Seidenpapier beklebt, das hebt sich gut ab.

Die hinterste Kulisse (Kulisse 5) wird zunächst ganz mit weißem Transparentpapier beklebt. Nun wird die Vorderseite dieser hintersten Kulisse mit hellgelbem Seidenpapier beklebt. Dieses Gelb wird intensiver gemacht, indem man von hinten mehrere Lagen Seidenpapier übereinander klebt und vor allem zum Rand hin dunkler wird.

Abb. 84

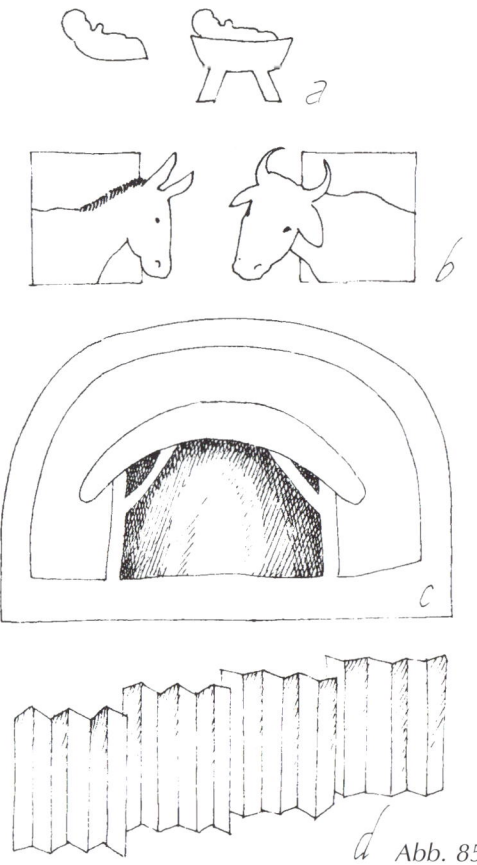

Abb. 85

Aus dem blauen Papier schneidet man sich zwei Stücke zurecht und faltet sie wie eine Ziehharmonika (Abb. 85 d). Mit diesen Zick-Zack-Papieren verbindet man die Kulissen an beiden Seiten mit Leim miteinander und sorgt dafür, daß zwischen zwei Kulissen mindestens ein Zacken ist.

Bei dem Transparent, das hier beschrieben wurde, ist zwischen der zweiten und der dritten Kulisse ein etwas größerer Abstand, denn der vorderste Hirte befindet sich noch «auf dem Feld» und ist noch nicht im Stall angekommen. Die Tiefe des Transparentes beträgt nun 8 - 10 cm, dadurch fällt es nicht so leicht um. (Beim einfachen Kulissen-Transparent von Abb. 82 wurde der Abstand zwischen zwei Kulissen vergrößert, um ein Umfallen zu vermeiden.)

Abb. 86

Oberhalb des Stalles klebt man lieber nichts hin, dann kann die Kerze den Stern von Kulisse 4 besser anstrahlen. Nun werden die Figuren auf ihren Platz gestellt und festgeklebt. Die Krippe kommt in die Mitte der vierten Kulisse, links und rechts davon Maria und Josef, während die Tiere von der Seite zwischen den Balken herausschauen.

Abb. 86 hat einen geschlossenen Stall. Im Prinzip wurde dieses Transparent wie das oben beschriebene hergestellt, nur wurden die Kulissen hier nicht mit einem Zick-Zack-Papierstreifen, sondern mit einer glatten Pappe, die von der Seite dagegengeklebt wurde, miteinander verbunden (siehe Abb. 87). Hier wurden zuerst alle Kulissen zusammengeklebt, bevor Dach und Seitentüren angebracht wurden. Erst wenn alles fertig ist, klebt man die Rückwand gegen den Stall. Bei dieser Ausführung können sehr gut einige Figuren vor den Stall gestellt werden.

Während bei den beiden anderen Transparenten durch die Kulissen der Eindruck von größerwerdender Weite entsteht, soll hier die Räumlichkeit auf den Stall beschränkt bleiben, was man dadurch erreicht, daß der innere Rand der vordersten Kulisse verkleinert wird, wie dies hier durch die Balken geschieht.

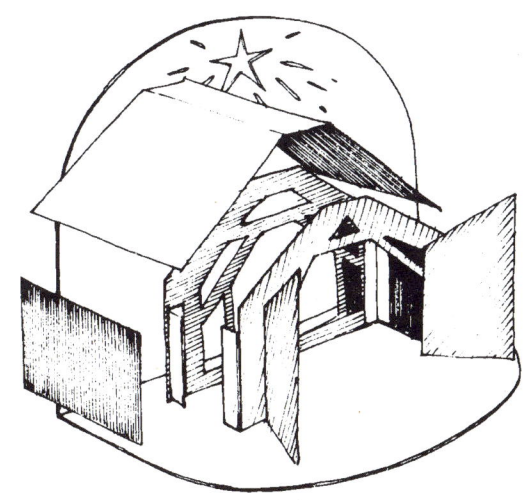

Abb. 87

Gerahmte Transparente
(Abb. 88 – 91)

Material:
Goldpappe
weißes Transparentpapier
Seidenpapier
Tapetenkleister und/oder Klebestift
Faden
scharfes Messer oder Schere
Lineal und Bleistift

Arbeitsweise:
Transparente, auf denen ein Fünfstern erscheint, können auch von Kindern gut gemacht werden, und man hat schnell ein schönes Ergebnis. Man kann diese Transparente ans Fenster hängen. Aus Goldpappe wird ein Pentagramm ausgeschnitten. Als Hilfe kann eines der sechs Fünfecke von Seite 81 übernommen werden. Man kann die Pappe auch in einer anderen Farbe nehmen. Nun wird auf dem Pentagramm ein zweites Fünfeck in 2 cm Abstand gezeichnet. Dieses zweite Fünfeck wird ausgeschnitten, und so ist ein fünfeckiger «Rahmen» aus Goldpappe entstanden. Der Rahmen sollte nicht schmaler als diese 2 cm sein, sonst besteht die Gefahr, daß er sich durch das Bekleben mit dem Seidenpapier verbiegt.

Die Rückseite wird zunächst mit weißem Transparentpapier beklebt. Nun nimmt man ein Stück Seidenpapier mit einem rechten Winkel und verbindet damit zwei Ecken des Fünfecks miteinander, indem man eine Ecke ausläßt (siehe Abb. 89). Die Ränder des Seidenpapiers werden am Fünfeck festgeklebt, und das überstehende Seidenpapier wird abgeschnitten. Nun werden die nächsten beiden Ecken mit einem Stück Seidenpapier verbunden, und so fährt man fort, bis alle Ecken miteinander verbunden sind. Wenn am Seidenpapier keine rechten Winkel mehr vorhanden sind, muß man sich mit Messer und Lineal neue zuschneiden.

Es empfiehlt sich, das Seidenpapier mit einem winzigen Tropfen Kleister aufeinanderzukleben. Innerhalb des Rahmens ist nun ein Fünfstern entstanden, der in seinem Zentrum wiederum ein Fünfeck hat, dessen Spitze nach unten zeigt. Schließlich wird an die obere Spitze des Transparentes ein Faden geklebt, damit man es aufhängen kann. Wenn man das Transparent mit beidseitig klebendem Band am Fenster befestigt, besteht die Gefahr, daß beim Abnehmen das Seidenpapier beschädigt wird.

Abb. 88

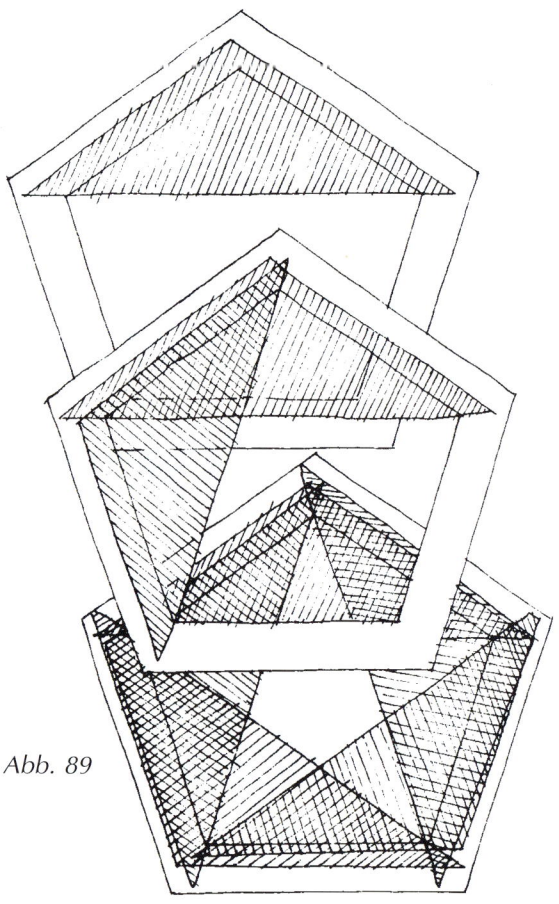

Abb. 89

Variante 1

Man macht ein Transparent wie oben beschrieben. Wenn der Stern im Rahmen fertig ist, wiederholt man das Ganze, bleibt aber diesmal 0,5 cm außerhalb des ersten Sternes. Es entsteht ein zweiter Fünfstern. Nun macht man den dritten Stern in derselben Art, und wiederum bewegt man sich 0,5 cm weiter auf den Rand zu. Dies wiederholt man, bis der Rand erreicht ist. Hin und wieder sollte das Seidenpapier in der Mitte vorsichtig aufeinandergeklebt werden. Schließlich wird der äußere Rand versäubert und überstehendes Seidenpapier weggeschnitten (siehe Abb. 90).

Die hier beschriebene Variante kann auch mit Seidenpapier in verschiedenen Farben gemacht werden, wie bei der Abbildung auf der Titelseite. Bei diesem Transparent wurde die Farbe dadurch, daß man mit mehreren Farben (weiß, gelb und orange) arbeitete, «verdichtet». Im Gegensatz dazu wurde beim Transparent von Abb. 90 nur mit einer Farbe gearbeitet. Man sollte nicht zu dunkles Seidenpapier verwenden, sonst wird das Transparent an den Rändern, wo viele Papierlagen übereinander kommen, zu dunkel, und das Licht scheint nicht mehr richtig durch.

Abb. 90

Variante 2

Auch der Rahmen kann verändert werden, wie man auf Abb. 91 sieht, hier ist er rund.

Obgleich der transparente Stern im Innern vielleicht etwas kompliziert aussieht, läßt sich diese Variante doch sehr einfach herstellen. Zunächst macht man einen Fünfstern wie auf Abb. 88. Dann nimmt man Seidenpapierstreifen von 1 cm Breite und verbindet die sich gegenüberliegenden Ecken so miteinander, daß die Hälfte des Streifens den bereits geklebten Stern überdeckt und die andere Hälfte innerhalb liegt. Dort, wo der Streifen den bestehenden Stern überdeckt, entstehen die dunklen Bahnen. Auch hier gibt es viele Variationsmöglichkeiten. Man muß gut darauf achten, nicht zu viel Leim zu verwenden, sonst färbt das Seidenpapier ab.

Abb. 91

Geometrische Figuren

Material:
Goldfolie
feine scharfe kleine Schere oder scharfes Messer
gutgespitzter Bleistift
Hobbyleim
Lineal

Tetraeder aus Goldfolie (Abb. 92)

Ein Tetraeder ist ein regelmäßiges Viereck, das aus vier gleichseitigen Dreiecken besteht. Auf Seite 71 ist das Modell eines Tetraeders aufge-

Abb. 92

nommen worden. Für diejenigen, die diesen einfachen Körper selber konstruieren wollen, folgt eine Beschreibung auf Seite 79. Die Konstruktion läßt sich am besten so machen, daß man sie zunächst auf einem Stück Papier vorzeichnet und dann auf die Folie durchdrückt. Dies gilt auch für das Modell auf Abb. 93, das man kopieren oder abzeichnen kann. So vermeidet man unnötige Löchlein und Striche auf der Folie (siehe Abb. 92).

Man legt das Papier mit dem konstruierten Tetraeder auf die Rückseite der Folie und klebt es mit wenig Klebeband fest, damit es nicht verrutschen kann. Nun überträgt man die ganze Form auf die Folie. Um schöne scharfe Kanten zu bekommen, faltet man die Folie an allen Linien entlang zunächst zu und wieder auf. Der Leim wird dünn auf beiden Klebeflächen aufgetragen, man läßt ihn an der Luft leicht antrocknen, und danach wird der Körper zusammengeklebt. Am besten klebt man einen Faden mit ein, an dem der Tetraeder aufgehängt werden kann. Dazu macht man einige Knoten in den Faden, dann kann er nicht herausrutschen. Man muß darauf acht geben, daß die Ecken sehr exakt aufeinander passen, denn einmal geklebte Folie läßt sich nur schwer wieder lösen.

Kubus aus Goldfolie (Abb. 92)

Ein Kubus besteht aus sechs Quadraten. Auf Abb. 94 ist ein Modell zum Zusammenkleben abgebildet. Dieses Modell kann kopiert oder durchgeschlagen werden. Die Arbeitsweise ist dieselbe wie beim Tetraeder. Die Konstruktionsbeschreibung für den Kubus ist auf Seite 79 zu finden.

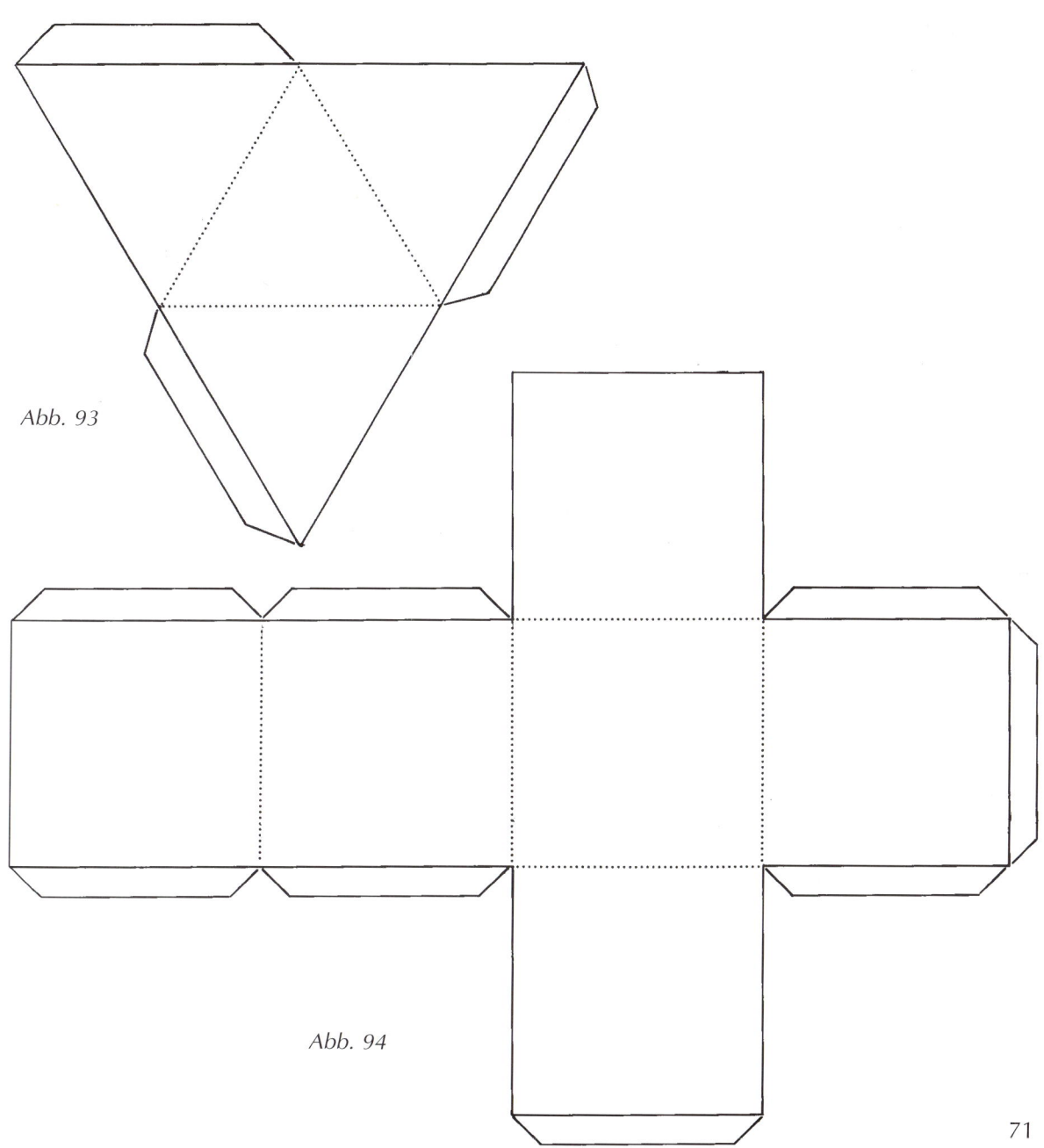

Abb. 93

Abb. 94

71

Ikosaeder aus Goldfolie (Abb. 95)

Der Ikosaeder ist ein geometrischer Körper, der aus 20 gleichseitigen Dreiecken besteht. Auf Abb. 96 sieht man die Form in ungefaltetem Zustand. Von der Konstruktion des Tetraeder ausgehend, läßt sich der Ikosaeder leicht machen. Vor dem Zusammenkleben müssen alle Linien gut gefaltet werden, denn das kann nicht nachgeholt werden. Es ist wichtig, daß ein Dreieck bis zum Schluß offen bleibt, damit eventuelle Unebenheiten mit einem Bleistift ausgemerzt werden können (siehe Abb. 95).

Abb. 95

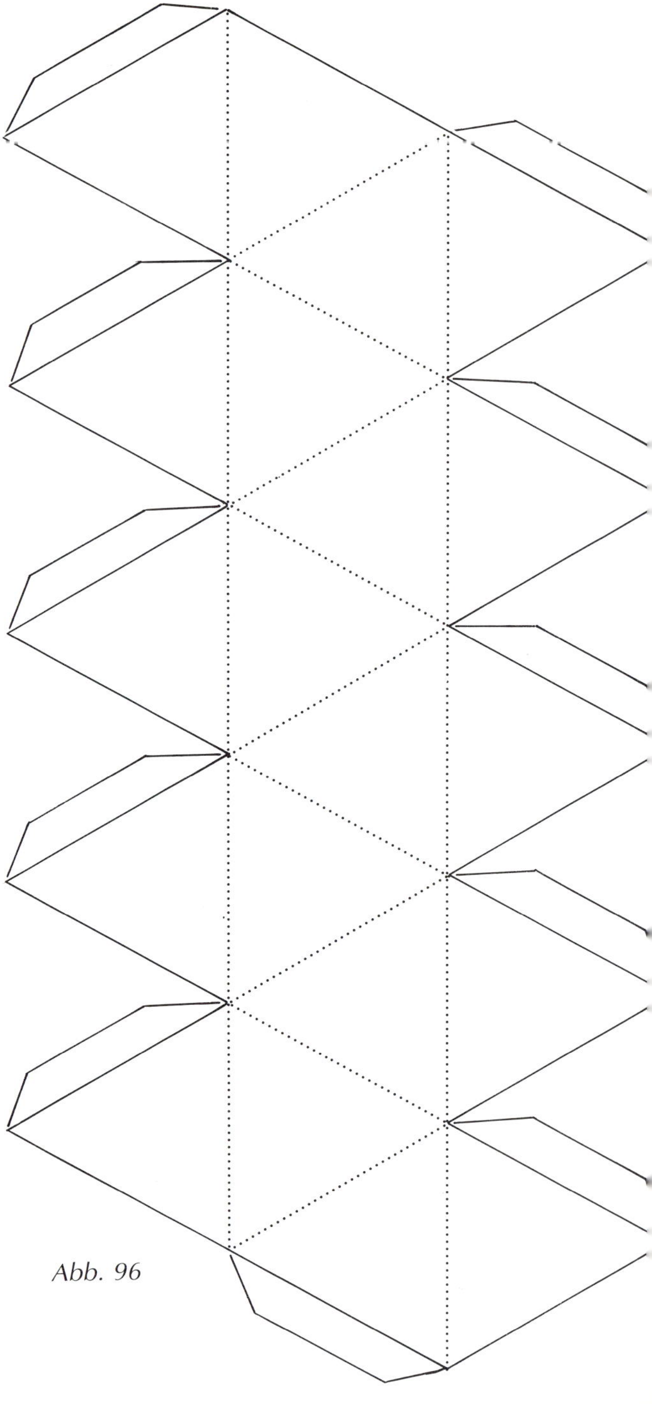

Abb. 96

Pentagondodekaeder aus Goldfolie (Abb. 98)

Dieser Körper besteht aus zwölf gleichseitigen Fünfecken. Auf Abb. 97 ist zu sehen, wie die sechs oberen und die sechs unteren Fünfecke zusammenpassen. Wenn man diese sechs Fünfecke zusammenklebt, entsteht eine kleine Schale. Zwei solche Schalen passen genau aufeinander, wie man auf der Abb. 21 von Seite 24 sehen kann; in diesem Fall wird jedoch nur die untere Schale mit Kleberändern versehen, die obere Schale also nicht. Es ist günstig, die untere Hälfte erst ganz zusammenzukleben und bei der oberen den «Deckel» noch offen zu lassen. So kann man die Kleberänder von innen mit dem Bleistift noch nach-

träglich andrücken und eventuelle Unebenheiten glätten.

Vor dem endgültigen Zukleben befestigt man in einer der Ecken einen Faden zum Aufhängen.

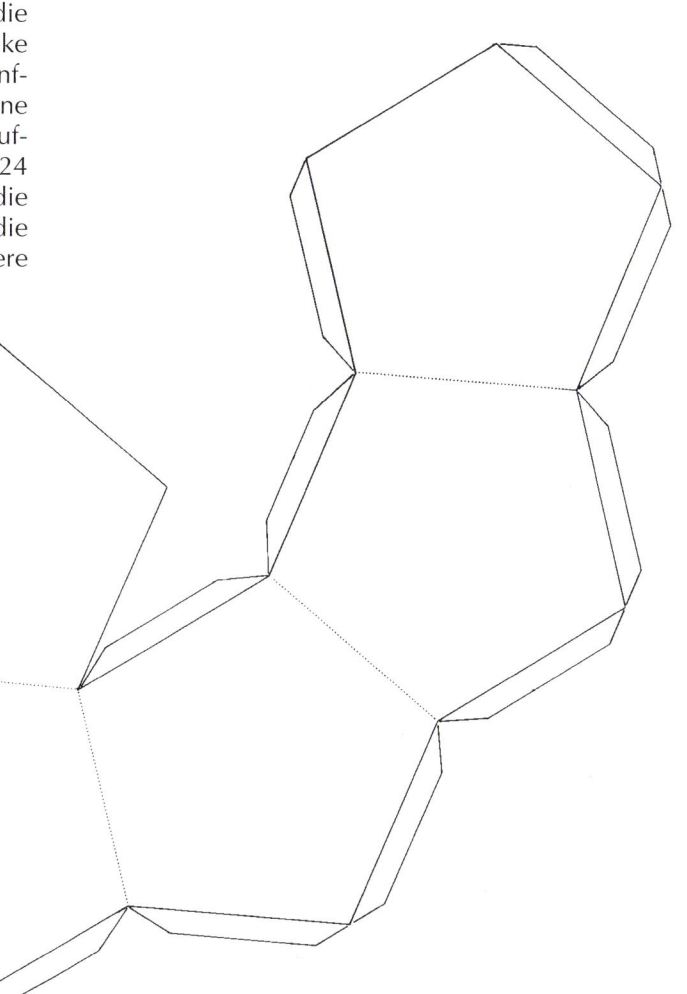

Abb. 97

73

Räumliche Sterne aus Goldfolie

(Abb. 100)

Aus einem Pentagondodekaeder kann man einen räumlichen Stern machen (siehe Abb. 100). Dazu macht man 12 fünfseitige Pyramiden, deren Grundfläche genauso groß sein muß wie das Fünfeck des Pentagondodekaeders (siehe Abb. 99) und klebt je eines auf ein Fünfeck.
Ganz ähnlich wird aus einem Ikosaeder ein räumlicher Stern gemacht, man braucht hier jedoch zwölf dreiflächige Pyramiden.

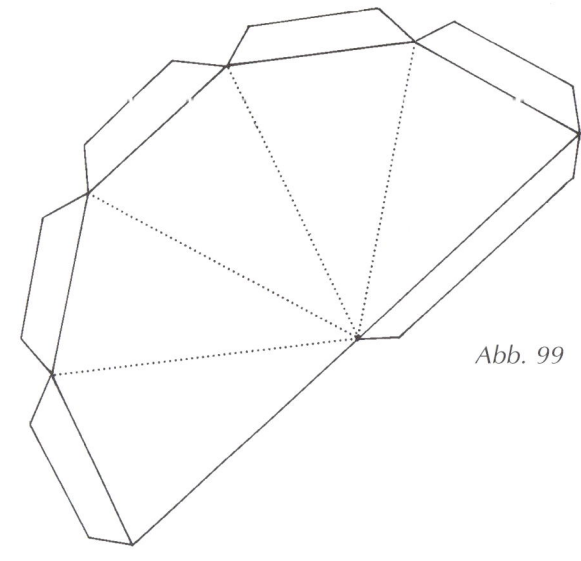

Abb. 99

Abb. 98

Abb. 100

74

Pentagondodekaeder aus Stroh

(Abb. 101)

Material:

Strohhalme	Hobbyleim
Lineal	kräftiges Papier
scharfes Messer	Schere
Tesakrepp	Faden

Arbeitsweise:

Dieser Pentagondodekaeder besteht aus zwölf gleichseitigen Fünfsternen. Als Hilfe bei der Festlegung der Größe dieser räumlichen Körper können folgende Maße dienen: Wenn die Seiten des Fünfecks ungefähr 30 mm betragen (siehe Abb. 97), so bekommt man einen Fünfstern von

Abb. 101

ca. 50 mm, während der Durchmesser des ganzen Pentagondodekaeder ca. 80 mm betragen wird.

Man verwendet gebügelte, aufgeschnittene Halme (siehe unter Strohsterne auf Seite 36). Mit Hilfe eines scharfen Messers und eines metallenen Lineals schneidet man die Halme in dünne Streifen.

Man braucht für einen Pentagondodekaeder 12 x 5 = 60 Streifen. Man schaut also zuerst einmal, wieviele Streifen aus der Länge eines Halmes zu machen sind.

Bei diesem räumlichen Körper ist es ganz besonders wichtig, daß die Fünfsterne so exakt wie

Abb. 102

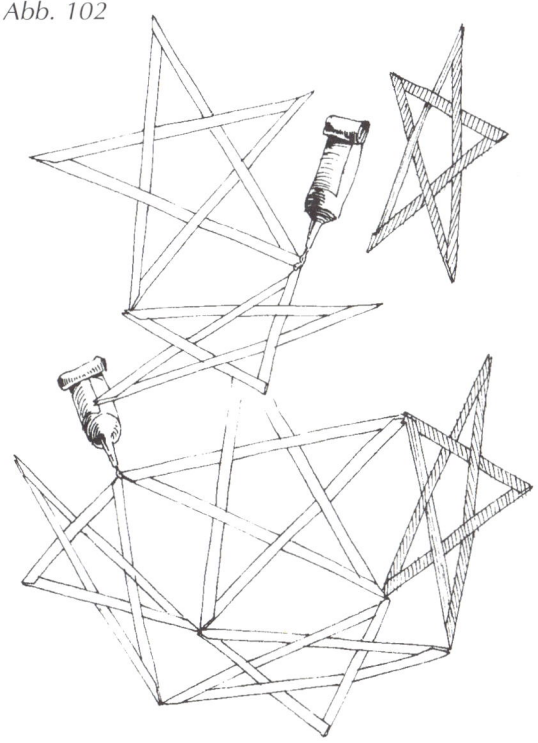

möglich und vor allem alle gleich groß sind. Um das zu erreichen, nimmt man ein Stück kräftiges Zeichenpapier, zeichnet darauf die gewünschte Länge und verwendet es gleichzeitig als Schneideunterlage. Nun läßt man die Halme alle an die angezeichnete Linie stoßen, klebt sie mit Tesakrepp fest und schneidet sie mit der Schere entlang der Linie ab.

Nun konstruiert man auf einem Stück Papier den Fünfstern in der Größe, in der man den Stern auch nachher haben will (siehe Konstruktion auf Seite 80), oder man verwendet eine Kopie der Modelle von Seite 81. Man kann sie als Anleitung zum Zusammenkleben des Sternes verwenden.

Man nimmt fünf Strohstreifen, die zusammen den Fünfstern bilden sollen, und legt sie mit der glänzenden Seite nach unten zurecht. Da die Streifen nie alle gleich breit sein werden, ist es gut, fünf etwa gleich breite Streifen für einen Stern auszusuchen. Nun bringt man an den Streifenenden ein wenig Leim an, und zwar beim einen auf der glänzenden und beim anderen auf der stumpfen Seite (am besten verwendet man eine Klebetube mit dünner Öffnung, z.B. vom Modellbau). Nachdem der Klebstoff kurz angetrocknet ist, klebt man die Enden zusammen. Auf Abb. 101 sieht man, daß die fünf Streifen des Sternes wie «geflochten» sind, d.h. der dritte Streifen wird unter einem der zwei ersten durchgeschoben. Jetzt wird das eine freie Ende eines der beiden ersten Streifen mit Klebstoff versehen, und nach kurzem Antrocknen wird der dritte Streifen angeklebt. Auf dieselbe Weise werden die beiden letzten Streifen geklebt. Den frisch geklebten Stern legt man nun auf das vorgezeichnete Fünfeck und kontrolliert, ob er gut darauf paßt. Sollte der Stern noch

nicht ganz genau sein, kann man, solange der Leim noch nicht ganz trocken ist, noch vorsichtig zurechtschieben – nachher, wenn alles trocken ist, kann man nichts mehr regulieren.

Alle Sterne werden auf dieselbe Weise gemacht, sie müssen, bevor weitergearbeitet wird, gut trocknen.

Nun werden die Sterne zum Pentagondodekaeder zusammengeklebt. Alle fünf Ecken der ersten drei Sterne werden mit Klebstoff versehen, den man etwas antrocknen läßt. Zwei Sterne werden mit zwei Ecken aneinandergeklebt. Der dritte Stern wird an die beiden bereits zusammengeklebten Sterne geklebt. Auf Abb. 102 sieht man, daß nun einer der Sterne etwas angehoben werden muß. Hierfür stützt man diesen Stern, während der dritte angehoben wird, mit einem Holzklötzchen.

Abb. 103

Jetzt versieht man die Ecken der nächsten drei Sterne mit Leim und läßt ihn wieder etwas antrocknen. Dann klebt man diese Sterne an die freien Ecken der ersten drei Sterne, und damit ist der halbe Pentagondodekaeder fertig.

Mit der anderen Hälfte verfährt man genauso, bis der Körper fertig ist. Wenn der letzte Stern angeklebt wird, nimmt man für eine Ecke ein wenig mehr Klebstoff, um damit den Faden zu befestigen, an dem der Pentagondodekaeder aufgehängt werden kann.

Variante 1

Man kann bei den einzelnen Fünfsternen die Spitzen natürlich auch untereinander zusammenfügen, dann entsteht ein Fünfeck mit einem Fünfstern in der Mitte.

Variante 2

Abb. 103 zeigt einen kleineren Pentagondodekaeder in einem größeren. Hier muß man also zwei komplette Pentagondodekaeder haben, wobei der eine um ein Drittel kleiner sein sollte als der andere, sonst wird das Gesamtbild zu undeutlich, und die einzelnen Fünfsterne kommen nicht mehr zur Geltung. Den kleinen Pentagondodekaeder kann man außerdem mit etwas rotem durchsichtigen Lack färben, dann wird er besser sichtbar. Außerdem können für den kleineren Körper natürlich auch einfach dunklere Strohstreifen verwendet werden.

Der kleine Pentagondodekaeder wird, bevor die zwei letzten Fünfsterne am großen Pentagondodekaeder angeklebt werden, in den großen gesteckt, und der Faden, an welchem der kleine Körper hängt, wird im richtigen Abstand an den großen Körper geklebt.

Kugel aus Stroh (Abb. 104)

Material:
Strohhalme
scharfes Messer
Hobbyleim
Goldfaden

Arbeitsweise:
Die Halme werden flachgebügelt (siehe Seite 36) und in Streifen von 3 mm Breite geschnitten. Die Kugel von Abb. 104 besteht aus acht Ringen. Da die Ringe übereinandergeklebt werden, muß der Durchmesser des innersten Ringes etwas kleiner sein als der des größeren usw. Es handelt sich hier um einen kaum merklichen Unterschied, am besten macht man es so, daß

Abb. 104

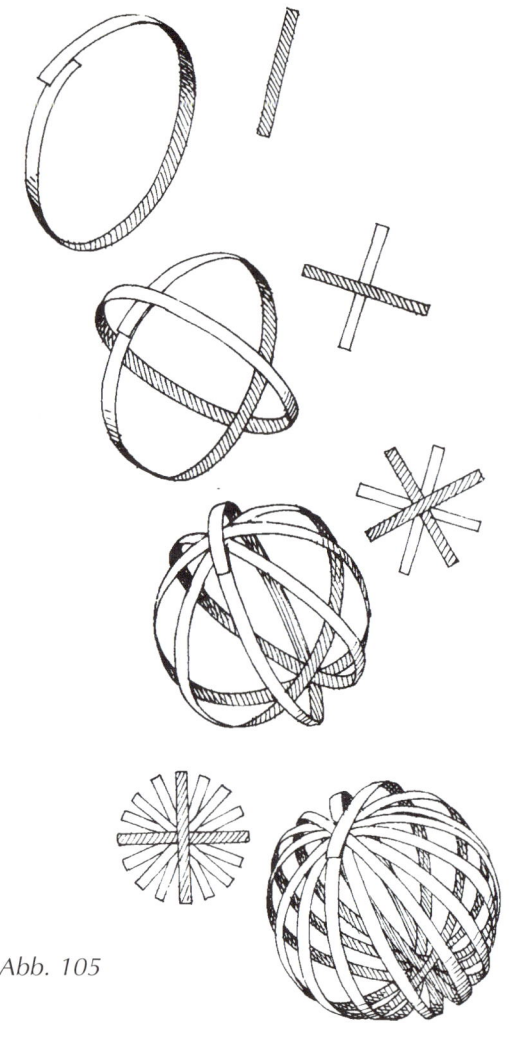

Abb. 105

geklebt sind und der Klebstoff trocken ist, klebt man sie über Kreuz ineinander (siehe Abb. 105). Man muß darauf achten, daß bei der fertigen Kugel nicht alle Klebestellen übereinander liegen.

Der Klebstoff der ersten beiden kreuzweise verbundenen Ringe muß erst gut getrocknet sein, bevor man weiter arbeitet, denn diese sind die Basis für die folgende Arbeit. Jetzt erst macht man die übrigen sechs Ringe und läßt auch hier den Leim gut trocken werden. Nun «füllt» man die freien Räume zwischen dem Kreuz und fängt zunächst damit an, daß man in die Mitte zwischen dem Kreuz zwei Ringe klebt. Wenn diese gut angetrocknet sind, fügt man die übrigen vier Ringe an die freien Stellen.

Wenn alles richtig trocken ist, klebt man an einen der Ringe den Goldfaden zum Aufhängen, und zwar so, daß die aufgehängte Kugel eine größtmögliche Tiefenwirkung vermittelt (siehe Abb. 104). Man kann die Kugel jedoch am Kreuzpunkt der Ringe befestigen, dann haben die Ringe der Kugel eine vertikale Wirkung. Befestigt man den Faden in der Mitte eines halben Ringes, entsteht ein horizontaler Eindruck. So kann man mit den genau gleichen Kugeln den Eindruck erwecken, als ob sie alle ganz verschieden wären.

Zum Aufheben ist die Kugel etwas unpraktisch, weil sie leicht kaputt geht. Wenn man einen einzelnen Ring quer über die Kugel schiebt und ihr damit eine gewisse Spannung gibt, wird sie stabiler. Dieser rechtwinklig zu den anderen Ringen angebrachte Ring kann der Anfang vieler Variationen sein. Man kann auch mit der Breite der Ringe variieren; ja, man kann sogar so weit gehen, die Ringe aneinanderstoßen zu lassen und bekommt so eine echte Kugel.

die Ecken der Strohstreifen, wenn man die Ringe klebt, beim innersten Ring einfach etwas weiter übereinandergeklebt werden, beim nächsten schiebt man die Enden nicht ganz so weit übereinander usw. Wenn die beiden ersten Ringe

Konstruktionen und Modelle

Konstruktion eines Tetraeders
(Abb. 106)

Man zieht eine Linie und legt darauf die Punkte A und B fest. Der Abstand A-B bestimmt die Größe des Tetraeders. Nun nimmt man den Abstand A-B auch von B nach oben und unten und bekommt so die Punkte C und D. Diese letzten Punkte verbindet man mit einer Linie mit A und B. Diese Konstruktion wiederholt man, jedoch jetzt von A und D bzw. von B und D. Man hat nun die Punkte E und F. Wenn diese neuen Punkte mit den anderen verbunden sind, ist der Tetraeder beinahe fertig. Es müssen nur noch die Kleberänder (siehe Abb. 93, S. 71) gezeichnet werden.

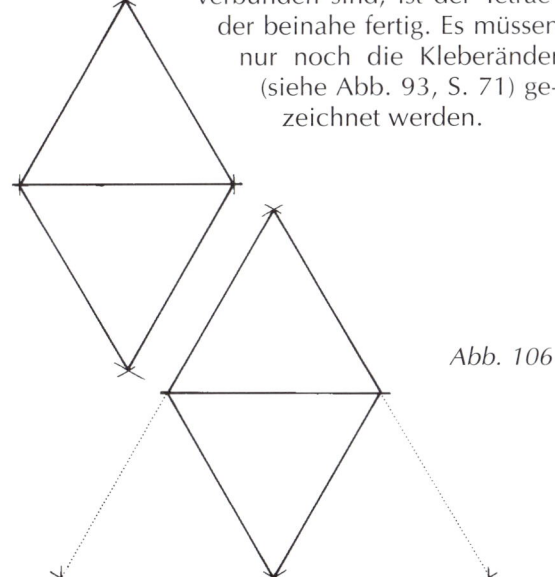

Abb. 106

Konstruktion eines Kubus
(Abb. 107)

Mit dem Zirkel werden die Punkte A, B, C, D und E im gleichen Abstand auf einer Linie markiert. Der Abstand A - B legt die Größe des Kubus fest. – Von den Punkten B und D und den Punkten C und E aus schlägt man nun einen Kreis, im Zirkel hat man den Abstand B - D und bekommt so die Hilfspunkte F und G. Nun zieht man zwischen F und C und zwischen G und D eine Linie. Mit dem Abstand C - D im Zirkel wird jetzt zweimal von C und D aus ein Punkt auf der soeben entstandenen Linie abgetragen. Man bekommt die Punkte H und J und die Punkte K und L. – Wenn man nun zwischen den Punkten H und J und zwischen den Punkten K und L jeweils eine Linie zieht, entstehen drei parallel verlaufende Linien. Von H und J aus

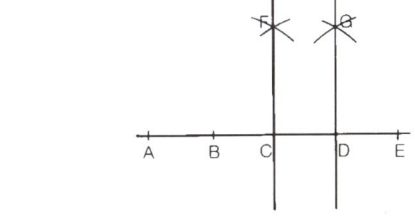

Abb. 107

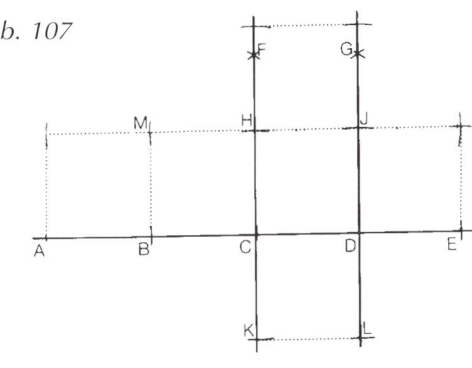

wird der Abstand C - D auf den Linien abgetragen, so daß für den Kubus neue Punkte entstehen. Dasselbe wird noch einmal von M aus gemacht. Nun werden die Punkte miteinander verbunden, wie dies auf der Zeichnung angegeben ist. Kleberänder nicht vergessen.

Konstruktion eines Pentagramms

(Abb. 108)

Man schlägt mit dem Zirkel einen Kreis. Horizontal durch den Mittelpunkt des Kreises wird eine Linie gezogen, und vom Mittelpunkt zieht man eine senkrechte Linie auf diese Mittellinie. Nun nimmt man die Hälfte des Abstandes A-C in den Zirkel und schlägt den Radius von Punkt A aus oben und unten auf den Kreis, so entstehen die Punkte D und E. Indem D und E durch eine Linie miteinander verbunden werden, bekommt man den Punkt F.

Jetzt nimmt man den Abstand F-B in den Zirkel, trägt diesen Radius auf der horizontalen Mittellinie auf und hat damit den Punkt G. Der Abstand B-G ergibt eine Seitenlänge des Pentagramms. Von Punkt B aus wird dieser Abstand mit dem Zirkel auf dem Kreis abgetragen, und man bekommt damit die Punkt H und J. Von H und J aus trägt man denselben Radius nochmals auf dem Kreis ab und hat nun die Punkte L und K. Die Punkte B, H, L, K und J sind die Ecken des Pentagramms.

Diese Konstruktion ist nicht schwierig. Als besondere Hilfe ist das Modell (Abb. 109) in dieses Buch aufgenommen; so kann man, indem das Modell einfach durchgezeichnet wird, auch ohne Konstruktion über ein exaktes Pentagramm verfügen.

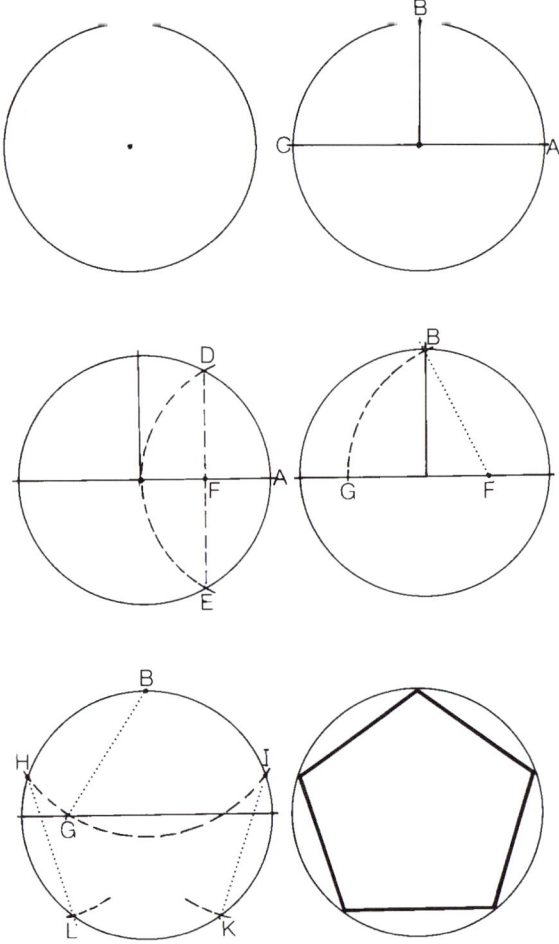

Abb. 108

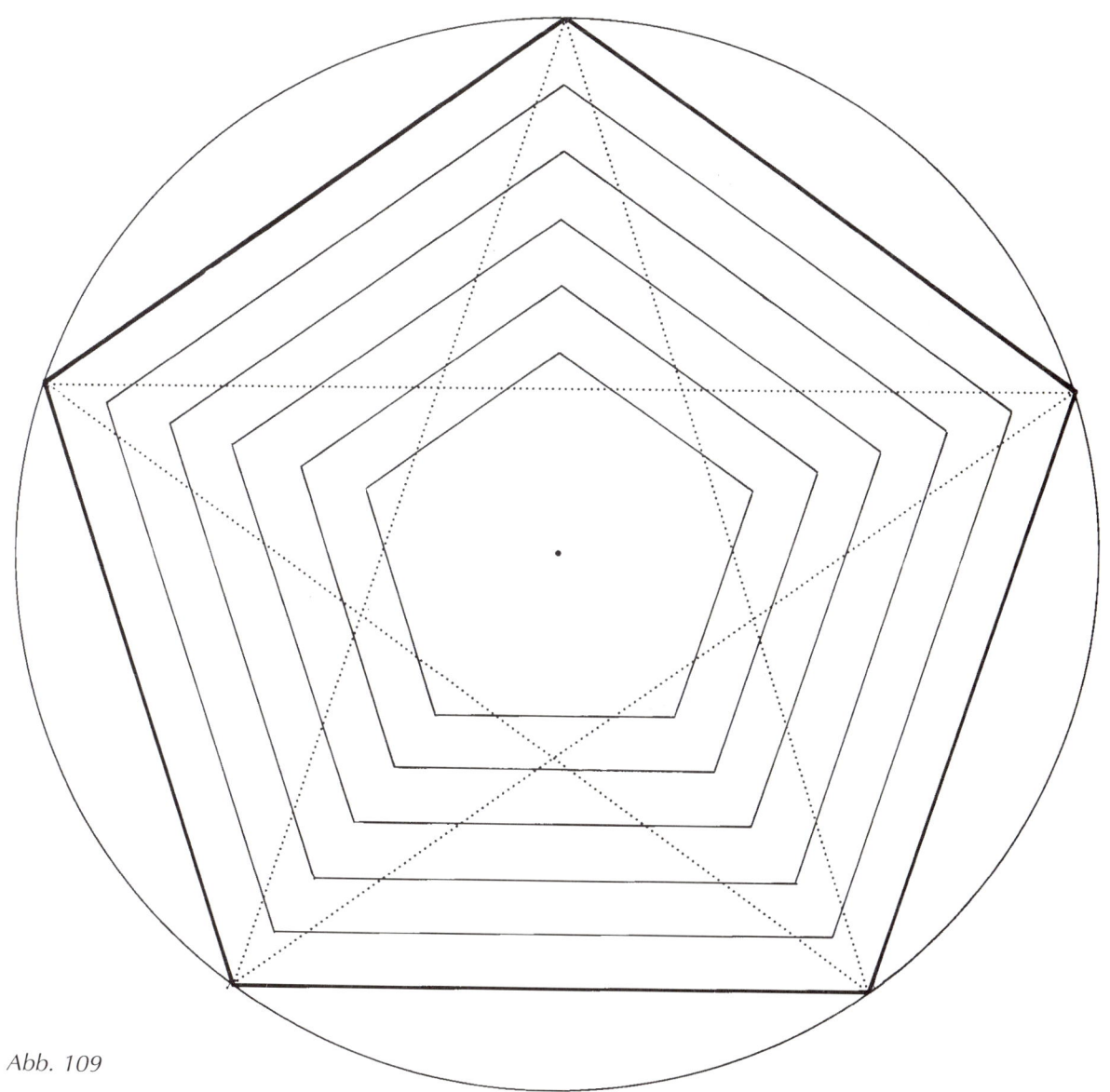

Abb. 109

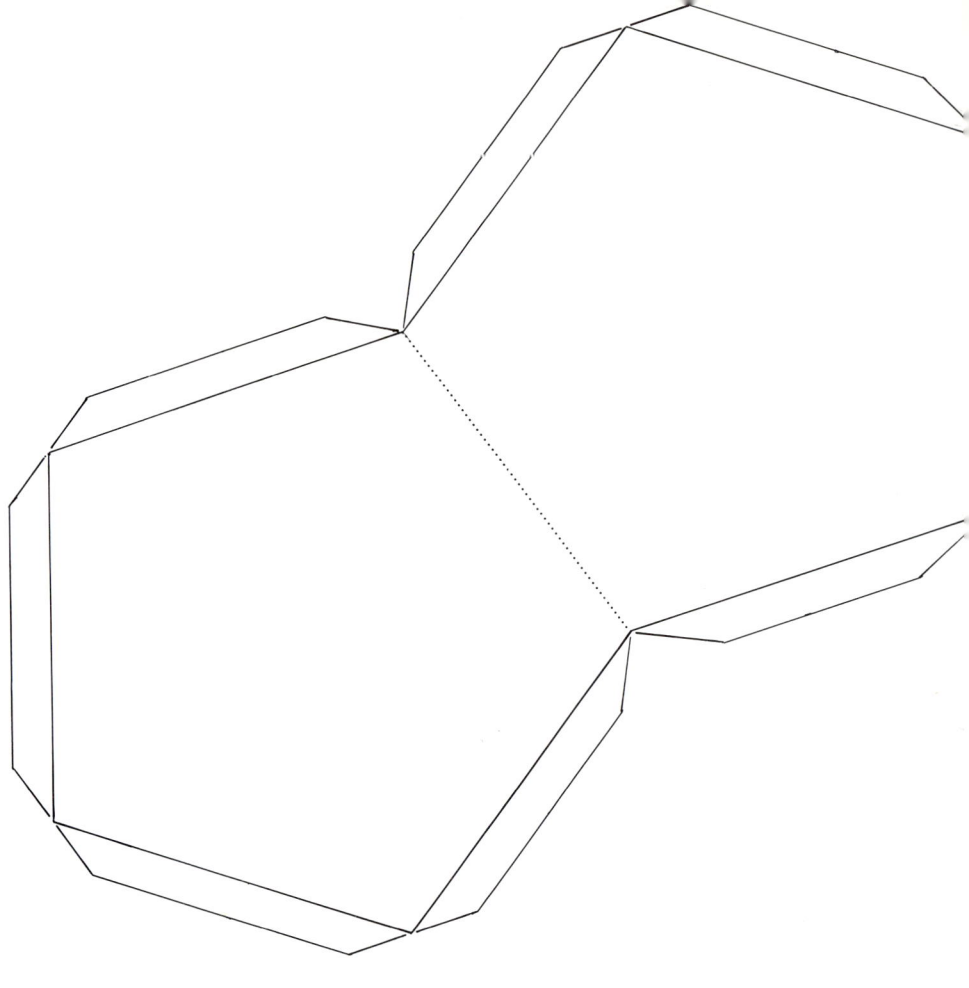

Abb. 110(zu S. 24)

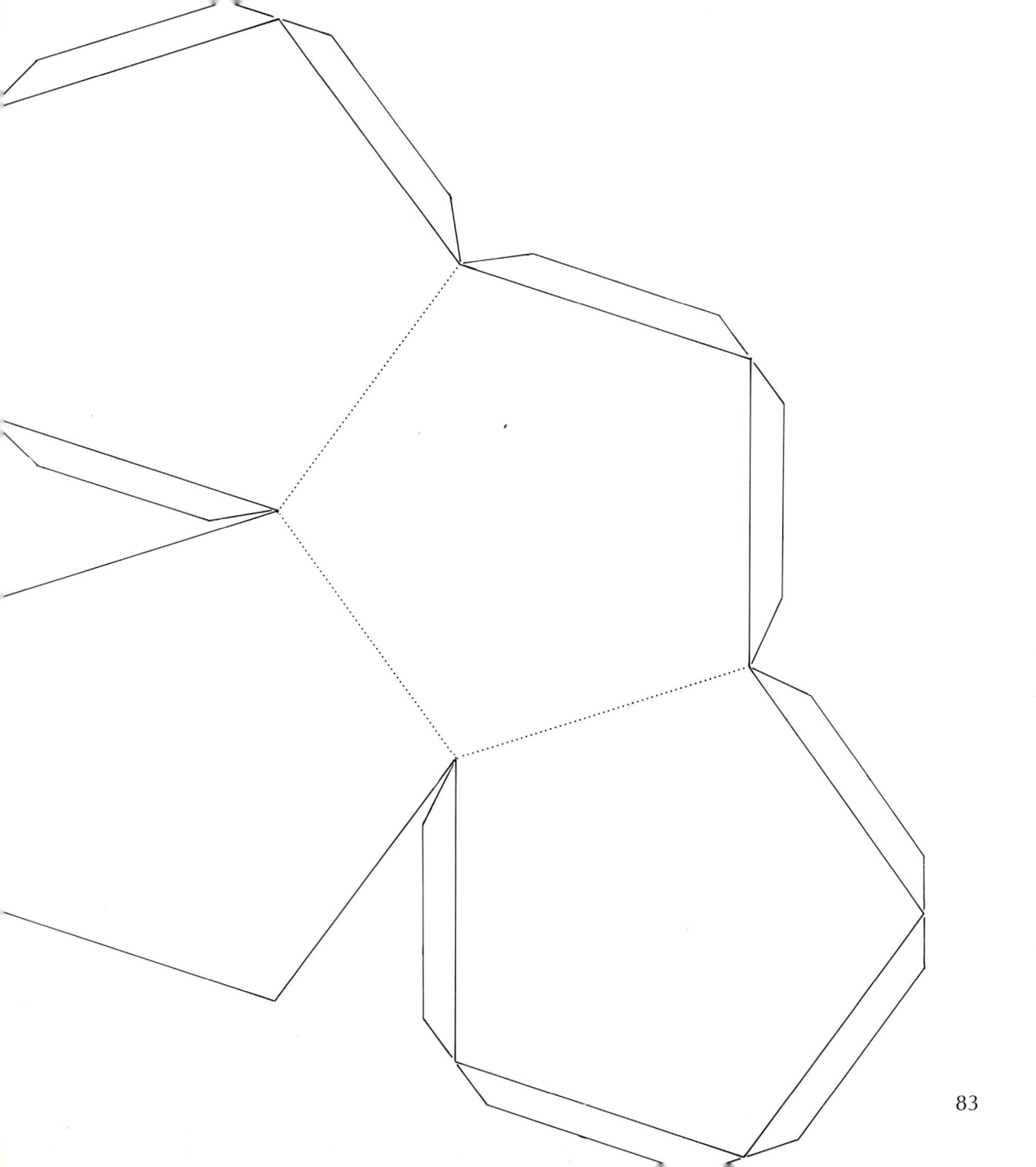

Bezugsquellen für besondere Materialien

Die meisten der beschriebenen Materialien sind allgemein gebräuchlich und im Schreibwarenhandel oder im Hobby- und Bastelbedarf erhältlich. Für einige Materialien gibt es jedoch spezielle Bezugsquellen:

Bienenwachs gibt es von der Firma Stockmar und ist in Geschäften, die anthroposophisches Spielzeug oder Bücher führen, erhältlich.

Wolle und Trikotstoffe: Gewaschene und kardierte oder ungesponnene Schafwolle ist in Handarbeitsgeschäften oder in Geschäften, die Kleidung aus Naturtextilien führen, erhältlich.

Pfeifenreiniger und Eisendraht: Pfeifenreiniger erhält man in Tabakgeschäften; Eisendraht ist in verschiedenen Stärken im Eisenwarenhandel erhältlich.

Werkbücher für Kinder, Eltern und Erzieher

1 Wir spielen Schattentheater

Anregungen für eine einfache Bühne, kleine Szenen und drei Märchenspiele mit zahlreichen Zeichnungen und Scherenschnitten von *Erika Zimmermann*. 4. Auflage, 72 Seiten, kartoniert

2 Advent

Praktische Anregungen für die Zeit vor Weihnachten. Zusammengestellt von *Freya Jaffke*. Mit Zeichnungen von Christiane Lesch und farbigen Abbildungen. 5. Auflage, 59 Seiten, kartoniert

3 Bilderbücher mit beweglichen Figuren

Anregungen und Anleitung zum Selbermachen, von *Brunhild Müller*. 4. Auflage, 57 Seiten, kartoniert

4 Wir spielen Kasperle-Theater

Die Bedeutung des Kasperle-Spiels, die Herstellung von Puppen und Bühne und zehn kleine Szenen. Von A. *Weissenberg-Seebohm, C. Taudin-Chabot* und *C. Mees-Henny*. Aus dem Holländischen von Arnica Esterl. 3. Auflage, 92 Seiten mit 7 farbigen und 56 schwarzweißen Abbildungen, kartoniert

5 Mit Kasperle durch das Jahr

Vier große Kasperle-Stücke, von *A. Weissenberg-Seebohm*. Aus dem Holländischen von Arnica Esterl, 2. Auflage, 56 Seiten kartoniert

Verlag Freies Geistesleben

Werkbücher für Kinder, Eltern und Erzieher

6 Geometrische Körper aus Stroh selbstgemacht

Von *Walter Kraul*. 2. Auflage, 46 Seiten, mit zahlreichen Abbildungen, kartoniert

7 Spielen mit Wasser und Luft

Von *Walter Kraul*. 3. Auflage, 70 Seiten mit zahlreichen Abbildungen, kartoniert

8 Spielen mit Feuer und Erde

Von *Walter Kraul*. 2. Auflage, 59 Seiten mit zahlreichen Zeichnungen und Fotos, kartoniert

9 Malen mit Wasserfarben

Von *Brunhild Müller*, 3. Auflage, 49 Seiten mit zahlreichen farbigen Abbildungen

10 Kinderbekleidung

Von *Ulrich Rösch* und *Traute Nierth*, 92 Seiten mit zahlreichen farbigen und schwarzweißen Abbildungen

11 Pflanzenfärben ohne Gift

Neue Rezepte zum Färben von Wolle und Seide. Von *Eva Jentschura*, mit Illustrationen von Heidi Geister. 56 Seiten mit zahlreichen Abbildungen, kartoniert.

Verlag Freies Geistesleben

Die große Dokumentation der Waldorfpädagogik:

Erziehung zur Freiheit

Die Pädagogik Rudolf Steiners.
Bilder und Berichte aus der internationalen
Waldorfschulbewegung
Text: Frans Carlgren,
Bildredaktion: Arne Klingborg

208 Seiten, ca. 250 meist farbige Abbildungen,
großes Querformat, (24 x 34 cm), gebunden.

Preisgünstige Sonderausgabe, 264 Seiten,
kartoniert

Verlag Freies Geistesleben

«Eine erstmalige umfassende Dokumentation der gesamten Waldorfpädagogik.»
Alle Fragen, die man an die Waldorfschule stellt, werden klar und konkret beantwortet. Alle Gebiete, vom Kindergarten bis zum Schulaustritt, der Epochen-Unterricht, der Zeugnis- und Prüfungsverzicht, das künstlerische Prinzip, die Lehrerbildung, werden durch farbige Abbildungen verständlich gemacht. Das Werk zeigt auch, daß man an diesen Schulen die Kinder weder zu Künstlern noch zu Anthroposophen machen will.
Nationalzeitung, Basel

Es ist eine Lust, in dem reich bebilderten, großzügig angelegten Buch zu blättern und die Schülerarbeiten der verschiedenen Altersstufen zu betrachten. Und es ist ein lohnendes Unterfangen, sich in die sorgfältig gegliederten und systematisch dargebotenen Texte zu vertiefen. Nichts, worüber da nicht informiert würde von den Grundzügen der Waldorfpädagogik ...
Neue Württemberger Zeitung

Die einzelnen Abschnitte, sachkundig gegliedert und illustriert, behandeln den gesamten Komplex der Unterrichts- und Erziehungsweise, die in den Waldorfschulen gepflegt wird ... Wir möchten diese Dokumentation in die Hand eines jeden Lehrers legen ...
Literaturspiegel für wissenschaftliche Literatur und Sachbücher